HEUREUX
EN AMOUR

La collection « Vivre autrement » est dirigée
par Marie Haddou

ISBN : 2-0820-0938-6
N° d'édition : FT 0938-01
Dépôt légal : septembre 2003

Claude-Marc Aubry

HEUREUX EN AMOUR

Flammarion

DU MÊME AUTEUR

Rire, Amour, Rebirth, Éditions Trédaniel, 1995
Chasser la déprime et profiter de la vie, Éditions Dangles, 1999

Je tiens à remercier Marie Haddou pour l'aide et le soutien apportés dans la rédaction de cet ouvrage, ainsi que toutes les personnes, patients ou amis, qui ont bien voulu me confier leur histoire.

SOMMAIRE

Chapitre III

Chapitre IV

C'est l'amour qui meut les atomes et les étoiles.

DANTE

PROLOGUE

Pour réussir sa vie professionnelle, on sait en général ce qu'il faut faire : passer des diplômes, suivre une formation, choisir la voie dans laquelle on se sent le mieux et poursuivre sa vocation.

Mais en amour, quelle est la recette ? Toute notre enfance a été bercée d'histoires de princes et de princesses. Avec en final, le baiser du mariage. Et après ? Comment les nouveaux époux s'y sont-ils pris pour que leur belle histoire d'amour dure toujours ? Sur cette question, pas de réponse. Nous cherchons encore, mais pour trouver, nous manquons de repères ; de la même façon, nous nous aventurons sur les chemins de l'idylle sans carte ni boussole. C'est un peu comme si nous partions en voyage pour une contrée lointaine dont nous avons entendu parler mais que nous ne connaissons pas. Aussi risquons-nous bien souvent de nous perdre en route...

Nous manquons d'un guide sûr pour arriver à bon port. Pire encore : des gens réputés, loin de nous éclairer, jouent les sirènes du désespoir. Un poète célèbre ne disait-il pas : « Il n'y a pas d'amour heureux » ? Avec de telles recommandations, on ne peut que se plaindre et se fourvoyer ; surtout, on se programme pour souffrir. Il est pourtant possible d'écouter un autre son de voix, comme celui de l'écrivain Jacques de Bourbon Busset, de l'Académie française, lorsqu'il écrit : « Je désire défendre une cause, la cause de l'amour heureux. Elle a des adversaires résolus et, au premier rang, ceux, nombreux qui ont raté leur affaire. » Plutôt que de prendre le risque d'une nouvelle déception, ces personnes-là se sont retirées du jeu, le grand jeu de la réussite en amour.

Mais une attitude peut-être plus répandue encore consiste à croire que l'amour, c'est simple, et qu'il suffit d'avoir la chance de trouver la bonne personne à aimer ou, surtout, de qui se faire aimer ! Cependant, à voir le nombre impressionnant de couples qui se déchirent, après une rencontre éblouissante et des premiers échanges amoureux intenses, et le petit nombre d'élus à traverser l'épreuve du temps, on se pose des questions...

La réussite en amour, n'est-ce vraiment qu'une affaire de chance ? On dit parfois que le mariage est une loterie ; et que l'échec n'est que le fruit de la fatalité. Mais n'est-ce pas plutôt l'ignorance et les idées fausses qui préparent à l'échec ? Un peu plus de savoir, de connaissances sur les écueils à éviter, ne permettraient-ils pas, au contraire, à chacun de se donner les meilleures chances de réussir ?

Les échecs sentimentaux nous conduiront-ils à nous interroger ?

C'est notre vision du monde, notre façon de voir les choses, qui nous guide, à la façon d'une carte routière. Notre conception des relations amoureuses aussi. Seulement voilà, si la carte est fausse, nous ne pourrons que nous égarer dans les méandres de l'illusion. Avec une bonne carte, nous saurions où nous en sommes !

Peut-être peut-on méditer sur ce que Stendhal disait : « En général, tout mal vient d'ignorer la vérité et des fausses idées que nous avons sur ce qui nous arrive [...] Toute tristesse, tout chagrin vient d'avoir attendu des hommes ce qu'ils ne sont pas en état de nous donner. » En clair, aux élans du cœur qui nous animent, pourquoi ne pas associer l'indispensable raison ? Pourquoi ne pas faire preuve d'intelligence amoureuse ? Pourquoi donc l'amour devrait-il être bête ?

Il est vrai qu'André Gide, comme beaucoup d'autres, a écrit : « La Sagesse n'est pas dans la Raison mais dans l'Amour. » Oui, mais de quel amour s'agit-il ? D'Éros, et de sa soif inextinguible ? On confond si souvent amour et désir... Certes, le sexe apaise et libère des tensions et des stress quotidiens, mais suffit-il à l'amour ?

Dans notre culture occidentale, le grand mythe de l'amour aveugle s'exprime dans la *Carmen* de Bizet : « L'amour est enfant de Bohême, il n'a jamais connu de loi. » Mais peut-être que, si nous arrêtions de nous obstiner à ne voir dans nos histoires d'amour que le doigt du hasard ou du destin, nous pourrions nous épargner bien des souffrances inutiles.

Peut-être faudrait-il se débarrasser de quelques idées fausses, comme celle qui affirme que l'amour et la raison s'opposent. J'adopterai plutôt cette conception de Jacques de Bourbon Busset : « Il est possible de mettre sa raison au service de l'amour. La question n'est pas de rendre l'amour raisonnable, mais de donner à l'amour le secours de la raison... La raison généreuse, c'est la complice de l'amour, la raison au service de l'amour. » Non, la raison *n'est pas* un rabat-joie morose. Gageons plutôt que l'amour n'a pas à être déraisonnable !

En adoptant ce principe, pour progresser sur les chemins de l'amour, vous éviterez de tomber dans les pièges et chausse-trapes des illusions. C'est ainsi qu'il sera possible d'avancer plus avant dans « l'alliance du cœur et de la raison », les deux « ailes de l'esprit ».

En effet, le choix d'un partenaire, lorsqu'il n'est

pas suffisamment éclairé, ne répond trop souvent qu'à des conditionnements programmés dans l'enfance. Et la plupart des relations amoureuses meurent sans que les deux partenaires aient rien compris à ce qu'il s'était passé... On entend dire : « Je ne comprends pas que les choses aient mal tourné. Nous étions tellement fous l'un de l'autre... »

On tombe amoureux à deux et l'on se relève seul. Trop souvent, passé la phase d'exaltation, on accuse la relation, ou soi-même en se culpabilisant. Un bon nombre de souffrances pourraient d'ailleurs être évitées si toute notre culture n'était pas truffée d'erreurs et de non-sens du style : « Un seul être vous manque et tout est dépeuplé... » (Lamartine).

Si nous avons souffert dans nos histoires d'amour, c'est bien souvent parce que nous avons confondu l'amour avec toutes sortes de simulacres auxquels notre soif d'amour nous contraignait à nous accrocher. Nous avons cru être dans une histoire d'amour alors qu'il s'agissait d'une histoire de dépendance affective ou de lutte pour la reconnaissance et le pouvoir. Et de surcroît, nous nous attendions, avec naïveté, à ce que l'amour, d'un coup de baguette magique, transforme radicalement notre existence.

Par manque de lucidité, nous sommes condamnés à répéter les histoires que nous ne comprenons pas et à demeurer dans la confusion. Mais ne pourrions-nous pas nous épargner des mois, voire des années de souffrance amoureuse, en faisant preuve d'un peu plus de conscience ? Bien sûr, il n'y a pas de recette infaillible pour réussir en amour, mais il existe des clés pour comprendre ce qui se passe entre deux êtres qui s'aiment ; cet ouvrage, qui s'appuie sur les acquis de la psychologie moderne et sur mon expérience de thérapeute, vous apportera, je l'espère, le fil d'Ariane pour vous aventurer dans le labyrinthe...

Dans le premier chapitre de ce livre, nous aborderons la question de la dépendance affective, dont les origines remontent à l'enfance. Nous verrons comment elle se manifeste dans les relations amoureuses et nous donnerons quelques orientations pour s'en libérer.

Dans le deuxième chapitre, il sera question de l'estime de soi et de ses conséquences sur la relation amoureuse. Je présenterai quelques techniques pour améliorer sa propre image en cas de mauvaise estime de soi.

Dans le troisième chapitre, nous verrons quels sont les principaux obstacles à une rencontre amoureuse épanouissante, les principaux pièges à éviter et comment être vraiment prêt à faire cette rencontre.

Dans le quatrième chapitre, ensuite, nous verrons comment éviter de répéter les scénarios d'échec, comment en finir avec les illusions et croyances qui font tout rater ; je vous donnerai les quelques clés nécessaires pour construire une relation équilibrée dans laquelle les deux partenaires soient gagnants.

Dans le cinquième chapitre, enfin, il sera question du couple. Nous verrons comment, notamment en communiquant avec efficacité, éviter la rupture et permettre à une relation intime de réussir à perdurer dans l'amour.

Chapitre I

LA DÉPENDANCE AMOUREUSE

Qu'est-ce que la dépendance ?

La dépendance est la relation normale du nouveau-né avec le monde qui l'entoure : pour survivre, le bébé est totalement dépendant de ses parents ou des personnes qui l'élèvent. Son besoin d'eux est vital, non seulement sur le plan physique, car ils lui apportent la nourriture et les soins sans lesquels il périrait, mais encore parce qu'il dépend d'eux d'une manière tout aussi essentielle sur le plan affectif et relationnel. Le bébé ne se développe bien et ne s'épanouit que s'il reçoit les contacts du regard, du toucher et de la caresse. S'il en est privé, il dépérit. Le jeune enfant, tout au long de son évolution, a besoin d'être écouté, touché, regardé avec attention.

Déjà le philosophe Hegel avait dit : « Il faut, pour le moins, être deux pour être humain. »

Et selon un psychologue américain, William James, il n'y aurait rien de plus douloureux pour un être humain que de devenir parfaitement invisible pour ses semblables ! Dès son plus jeune âge, en effet, l'être humain a besoin qu'on lui parle. La parole d'autrui véhicule bien entendu des informations mais elle témoigne aussi de l'intérêt qu'il nous porte en s'adressant à nous. En outre, le fait d'être regardé avec attention donne le sentiment d'être important. Il en est de même pour le plaisir d'être écouté, et bien entendu d'être touché.

Les « strokes »

L'enfant, l'adolescent et l'adulte vont s'attacher naturellement aux personnes qui leur témoignent ces marques d'attention, qu'on appelle « strokes » en analyse transactionnelle. Ainsi, paroles, sourires et regards sont des strokes. Ils peuvent être positifs ou négatifs (coups, insultes et critiques). Ils sont de toute façon si nécessaires que l'on s'arrange toujours pour en obtenir d'une manière ou d'une autre : mieux vaut recevoir des strokes négatifs qu'aucun, être battu qu'ignoré. Selon Éric Berne[1], créateur de l'analyse transactionnelle, « les nourris-

1. *Des Jeux et des Hommes,* Stock, 1975.

sons que l'on ne manipule pas durant une période prolongée ont finalement tendance à décliner de manière irréversible, et finissent par succomber à la maladie qui se déclare ».

C'est au cours de l'enfance et de l'adolescence que se manifeste sans doute de la manière la plus intense le besoin de se sentir reconnu et encouragé dans sa personnalité, avec toutes ses différences et particularités. Et c'est pourquoi, quand les yeux de l'enfant rencontrent le regard admiratif de sa mère ou de son père, il est radieux ! Quand il entend la voix émue de sa mère qui l'appelle, c'est le bonheur... Ensuite, en grandissant, le jeune enfant s'ouvre au vaste monde. Ses parents ne constituent plus son seul cadre de référence obligé, il ne les place plus sur un piédestal, voire même à l'adolescence, il s'y oppose. Mais le besoin de reconnaissance demeure toujours aussi intense pour l'adolescent qui se tourne désormais vers son groupe de pairs : les amis, les copains, la bande.

Certains d'entre nous, malheureusement, n'ont pas suffisamment reçu de ces marques d'attention essentielles dans leur enfance. Sans doute parce qu'ils ne répondaient pas à l'image que leurs parents se faisaient d'eux dans leurs fantasmes, à ce qu'ils en attendaient !

Un tel manque de reconnaissance et un amour insuffisant créent une carence à combler, qui exacerbera dans la vie adulte le besoin d'attention, c'est-à-dire d'être regardé, écouté, touché...

■ *Sixième et dernier enfant de la fratrie, Michel s'est toujours senti le vilain petit canard de la famille. Il a toujours eu le sentiment d'être de trop. Sa mère, fatiguée par ses grossesses successives, ne désirait pas un autre enfant; elle avait suffisamment à faire avec les aînés pour s'occuper de lui. Quant à son père, il rentrait tard du travail. Placé chez sa grand-mère à plusieurs reprises, Michel en garde un souvenir amer. C'était, raconte-t-il, une femme froide qui ne lui manifestait aucune affection : jamais pris dans les bras, jamais cajolé, jamais embrassé! Elle le laissait régulièrement à s'occuper et se morfondre seul dans sa chambre. Si quelque chose le préoccupait, elle lui disait de se débrouiller tout seul. Elle ne l'encourageait jamais à quoi que ce soit. Tout au long de son enfance et de son adolescence, Michel s'est senti abandonné et perdu. Quand il a rencontré sa future femme, Maryse, il a cru être arrivé à bon port. Il pensait qu'elle lui apporterait tout l'amour qu'il n'avait pas reçu. Mais Michel en demandait trop et avait peu à donner. De plus, manquant de confiance en lui, il attendait passivement que Maryse prenne les décisions pour leur vie de couple. Pour couronner le tout, il ne se préoccupait guère des besoins de sa femme, mais au contraire s'attendait à ce qu'elle joue sans cesse le rôle d'une confidente auprès de qui il recevrait l'attention et la reconnaissance dont il avait cruellement manqué durant tant d'années.*

Nous avons vu que le petit enfant a besoin pour survivre de compter suffisamment dans le regard de l'autre. Aussi le manque de reconnaissance, dans l'enfance et dans l'adolescence, prépare-t-il le terrain à la dépendance dans la vie adulte : on souffre alors d'une soif excessive d'être remarqué et de compter pour quelqu'un ! On se sent alors si bien, si heureux chaque fois que l'on reçoit suffisamment d'attention. Si mal aussi lorsqu'on en manque !

> Si vous allez dans le monde porté par l'amour qu'une personne a pour vous, vous vous sentez léger et vous rayonnez... Mais c'est grâce à l'amour de cette personne que vous êtes lumineux et rayonnant. Et ce n'est pas vous qui avez la main sur l'interrupteur...

Plaire à tout prix

Si, lorsque vous étiez enfant, vous avez manqué d'attention, c'est vraisemblablement parce que vos parents n'en avaient pas reçu assez eux-mêmes et qu'ils se servaient de vous pour en obtenir ! Leur objectif inavoué était d'être pleinement reconnus par vous et non de vous donner cette reconnaissance dont vous aviez besoin. Alors, pour tenter d'obtenir un peu plus de considération, un peu plus d'attention de leur part, peut-être avez-vous pris l'habitude de vous conditionner à plaire à tout prix. Vous vous êtes efforcé de satisfaire sans cesse vos parents, maîtres et professeurs, afin de combler leurs besoins d'attention et de soulager leurs souffrances. D'une manière ou d'une autre, ils avaient besoin de vous pour se sentir importants. En prenant l'habitude de faire en sorte de leur plaire, vous luttiez contre la crainte d'être abandonné... Et depuis, peut-être croyez-vous encore qu'il faut plaire pour être aimé.

Et pourtant, une personne qui vous aime vraiment ne vous laisse-t-elle pas libre d'être vous-même, tel que vous êtes ?

Les femmes et la dépendance amoureuse

Selon le poète Byron, les hommes placeraient l'amour après leur réussite sociale et professionnelle, tandis que les femmes en feraient la priorité des priorités.

Ainsi, si les femmes sont plus souvent victimes d'une dépendance amoureuse que les hommes, c'est sans doute parce qu'elles s'investissent plus profondément dans leur vie affective.

Une femme amoureuse, lorsqu'elle est dépendante affectivement, fera tout pour son homme.

Elle ira jusqu'au bout du monde et, comme dans la chanson d'Édith Piaf, elle se fera « teindre en blonde » s'il le lui demande. Mais, plus grave, il arrivera aussi que, pour lui plaire, elle abandonne ses projets de réalisation personnelle.

L'histoire classique, c'est celle de deux étudiants qui se rencontrent sur les bancs de l'université. Ils ont brillamment réussi tous les deux leur maîtrise. Au bout de quelque temps, ils se mettent en couple et la jeune femme tombe enceinte. Tandis que le jeune homme poursuit ses études jusqu'au doctorat, sa compagne les remet à plus tard, et en fait ne les reprend jamais.

Le complexe de Cendrillon

Selon la psychologue américaine Colette Dowling, les femmes auraient secrètement peur de leur indépendance. Elles n'auraient pas été préparées à la liberté mais, au contraire, à la dépendance. Ainsi elle affirme : « On nous a préparées par notre éducation à dépendre d'un homme et à nous sentir nues et terrifiées si nous en sommes dépourvues. » Puis elle ajoute : « Les femmes ont toujours la possibilité de tout laisser tomber et de se mettre sous la protection d'un homme. »

C'est d'ailleurs ce que pense la psychologue Judith Bardwick : « Nous avons découvert que la passivité, la dépendance et surtout le manque d'estime de soi sont les variables qui différencient les femmes des hommes et qui reviennent en permanence. »

Colette Dowling a constaté que bien souvent, chez les femmes, les ambitions personnelles s'effondrent dès lors qu'elles commencent à partager leur existence avec un homme ; elles répondent alors à un besoin profond d'être prises en charge, et attendent qu'un élément extérieur (l'homme de leur vie) vienne transformer leur vie. C'est ce qu'elle a appelé le complexe de Cendrillon.

Sans être atteinte d'un véritable complexe de Cendrillon, une femme peut souffrir d'une dépendance affective dès lors que sa vie sentimentale, au lieu d'être épanouissante, devient un lourd handicap à son évolution personnelle. Lorsqu'elle en prend conscience, il peut être intéressant et utile d'entamer un travail de développement personnel pour mieux se réaliser dans sa vie propre et s'épanouir dans la relation amoureuse. C'est l'objectif que nous proposons dans les ateliers « Paroles de femmes ».

Les ateliers « Paroles de femmes »

Dans ces groupes, animés par un thérapeute, des femmes se réunissent pour partager leurs expériences et découvrir ensemble de nouvelles solutions aux problèmes posés. Au cours d'une réunion, chacune peut prendre la parole si elle le souhaite et quand elle le souhaite, être écoutée et se raconter sans être interrompue, sans être jugée, mais au contraire en étant accueillie et valorisée. Lorsqu'une des participantes se fixe un objectif de changement dans sa vie privée, elle est encouragée et soutenue par tout le groupe qui agit à la manière d'un *coach*. La dépendance affective y est un thème souvent abordé, comme si les femmes attendaient tout de leur rencontre avec un homme.

■ *« Quand je tombe amoureuse d'un homme, j'ai du mal à m'intéresser à autre chose qu'à lui, j'ai besoin de le prendre en moi, qu'il me remplisse et me comble. Quand il me quitte, même pour quelques heures, je me sens vide. »*

■ *« J'ai toujours eu affreusement peur d'être seule, sans un homme pour me protéger. Pour moi, c'est quelque chose d'horrible, comme la peur du noir quand j'étais petite. »*

Pendant des siècles, on a encouragé les femmes à vivre à travers quelqu'un d'autre, c'est-à-dire par et pour un homme. En France, elles n'ont acquis leur pleine citoyenneté (droit de vote, droit d'ouvrir un compte en banque sans l'autorisation du mari) que depuis la fin de la Seconde Guerre mondiale. Et la maîtrise de leur fécondité que depuis la fin des années soixante ! Mais en amour, sont-elles vraiment libres ou bien attendent-elles encore leur seigneur et maître sous le masque du Prince charmant ?

Une femme ne se sent-elle pas encore trop souvent diminuée, malheureuse et indigne d'amour, dès lors qu'elle a perdu l'homme qui lui servait de référence obligée à l'estime qu'elle a d'elle-même ?

Femmes sous influence

Une femme dépendante est celle qui compte excessivement sur l'autre (son conjoint, son mari, son amant) pour se réaliser ; sans lui, elle se sent vide et inutile.

■ *« Ma mère m'a rapporté qu'à ma naissance, elle avait été déçue parce que je n'étais pas belle, et mon père parce que je n'étais pas un garçon, nous raconte Catherine. Il faut ajouter que j'avais un frère, et que bien entendu c'était le préféré de mes parents ! Enfant, j'étais donc persuadée qu'il aurait mieux fallu être un garçon ! Devenue jeune fille, je mettais les hommes sur un piédestal... Je me souviens de Jean. Nous avions des rapports sexuels quand il le désirait, jamais quand moi je le voulais. Il trouvait normal de fréquenter d'autres femmes mais moi, bien entendu, je devais lui être fidèle. Je souffrais de cette situation, mais j'avais aussi tendance à l'excuser et à penser que peut-être, c'était de ma faute, que, peut-être, je n'étais pas assez désirable. Quand il a rompu, je n'ai pas pu aller au travail pendant huit jours... »*

Au bout de quelques séances de thérapie, il s'avère que, dans sa vie sentimentale, Catherine est attirée presque exclusivement par des hommes qui lui semblent forts et supérieurs, des hommes qui ont une personnalité expansive de leader. Quant à elle, elle ne se croit pratiquement jamais autorisée à briller ou simplement à montrer qui elle est. La nécessité de se battre, pour s'affirmer, reste profondément enterrée dans les limbes de son subconscient : elle entrerait sinon en conflit avec sa tendance compulsive à rechercher chez un homme les qualités qu'elle ne croit pas pouvoir développer par elle-même.

Cette jeune femme se trouve profondément convaincue d'être incomplète chaque fois qu'elle se trouve seule. Aussi recherche-t-elle compulsivement sa « part manquante ». Et, parce qu'elle se sent toujours fragile, c'est la force d'un homme qui l'attire et l'obsède.

Remarquons, en passant, que certains hommes ne sont attirés que par des femmes soumises qui peuvent, à bon compte, leur donner un sentiment de force et surtout de supériorité.

■ *Après sept années de mariage, Hélène constate qu'elle réussit sa vie professionnelle, mais que son couple s'est installé dans le ronronnement et l'ennui. Son mari se laisse accaparer par son travail, sans doute, dit-elle, parce qu'il déprime. Leurs relations sexuelles sont devenues fades et routinières. Comme elle se sent frustrée, pour ne pas sombrer dans la dépression, elle s'est lancée dans une série d'amours clandestines. Mais toujours insatisfaite, elle ne fait qu'accumuler aventures sur aventures, malgré les désillusions. Hélène répète souvent à ses amies qu'elle a envie de se sentir plus vivante, de se sentir une femme : elle est persuadée, dit-elle, que seul un homme peut lui apporter ce sentiment !*

■ *Diana s'est longtemps imaginé que le devoir d'une femme, c'est de rendre son homme heureux. Elle se souvient que, petite fille, elle souffrait de voir son père malheureux avec sa mère et qu'elle aurait bien voulu que ça se passe autrement. Aussi s'efforce-t-elle, avec les hommes qu'elle rencontre, de se mettre en retrait et, régulièrement, de faire passer leurs désirs avant les siens.*

Dans les exemples que nous venons de voir, Catherine idéalisait les hommes parce que, chez elle, être une fille n'avait pas beaucoup de valeur. Devenue une jeune femme, elle s'attachait très vite à un homme dès qu'il lui apportait l'attention et la reconnaissance dont elle avait tant manqué et dont elle avait tellement besoin. Elle faisait de sa relation amoureuse le centre de son existence et négligeait totalement sa vie professionnelle. Son thérapeute l'ayant encouragée à développer les qualités traditionnellement attribuées aux hommes, c'est-à-dire le goût d'être actif, dynamique et d'entreprendre, elle a pu contacter et rendre plus vivantes les ressources cachées de ce que Jung aurait appelé son *animus*, c'est-à-dire son « homme intérieur ». Selon Frieda Fordham[2], l'*animus* représente chez les femmes « l'image collective de l'homme dont hérite la femme, sa propre expérience de la masculinité provenant de ses contacts avec les hommes de sa vie, et en elle-même le principe masculin latent ».

Avec la thérapie, Catherine a peu à peu compris qu'elle pouvait s'épanouir et trouver de grands motifs de satisfaction en s'inscrivant à des stages, en préparant un concours et en le réussissant. Sa vie amoureuse a aussi changé, parce qu'elle a cessé de chercher quelqu'un qui la domine et l'impressionne, pour trouver un compagnon qu'elle considère comme son égal.

Quant à Hélène, elle avait donné trop d'importance aux marques d'attention que pouvait lui prodiguer un homme. Mais sa relation avec son mari s'était aussi détériorée par manque de communication. Un manque de communication qui se manifestait aussi avec d'autres personnes,

2. *Introduction à la psychologie de Jung.*

ses amies en particulier. Elle travaille encore à améliorer ce problème.

La dépendance au masculin

De même qu'en chaque femme se cache un *animus*, chaque homme porte en lui une part de féminité. Selon Jung[3], « l'*anima* est la personnification de toutes les tendances psychologiques féminines de la psyché de l'homme ». Grâce à l'*animus* et à l'*anima*, aucun homme n'est entièrement homme ; aucune femme n'est entièrement femme ; aussi, chacun d'entre nous ne trouve son équilibre qu'en intégrant en toute conscience cette part latente de lui-même, car nous possédons en partie les qualités de l'autre sexe. Avec la maturité, l'homme intègre les valeurs féminines, et la femme intègre les valeurs masculines.

Aujourd'hui, on n'est plus obligé de représenter à 100 % les valeurs de son sexe. Mais jusque dans les années cinquante, les modèles masculins et féminins étaient relativement rigides : il y avait un modèle d'homme à observer pour les petits garçons et un modèle de femme pour les petites filles. Le jeune homme et la jeune fille rêvaient de cet idéal. Un idéal qui n'existe pas et qui ne peut conduire qu'à d'amères déceptions et à une dépendance illusoire !

3. *L'Homme et ses symboles.*

■ *Pierre s'est marié, à la suite d'un véritable coup de foudre. Il trouvait sa femme, Lydia, exceptionnelle en tout : une perle, disait-il. Il était heureux qu'elle veuille être avec lui le plus souvent possible. Et c'est pour elle qu'il a accepté de sortir moins fréquemment, de voir moins d'amis, jusqu'à ce que, finalement, ils se retrouvent tous les deux seuls à seuls pour de longues soirées. Lorsque, très vite, sa femme a voulu cesser de travailler et avoir un enfant, Pierre a dû renoncer à ses activités pour mieux la seconder. Et cela, il l'a mal supporté. De frustration en frustration, il a fini par déprimer, puis la critiquer régulièrement : elle n'était plus la femme exceptionnelle qu'il avait rencontrée. Il s'était « fait avoir », disait-il.*

L'analyse que Pierre a entreprise a montré que sa dépendance à Lydia était certainement en grande partie déterminée par la projection qu'il avait fait sur elle d'une image idéale de la féminité, avec ses attitudes traditionnelles de douceur, de compassion et de réceptivité. Pierre projetait sur Lydia son anima, *sa « femme intérieure ». Mais cette image bien trop parfaite ne correspondait pas à la réalité. Il lui a fallu découvrir peu à peu la femme réelle qu'il avait épousée !*

À force de s'enliser dans la dépendance, on peut aussi devenir un « drogué de l'amour ». Un drogué de l'amour doit sans cesse augmenter la dose ; dans sa soif insatiable, il se rend victime de l'illusion romantique qu'un jour il trouvera, malgré ses échecs répétés, quelqu'un qui prendra en charge son bonheur.

■ *« Chaque fois que je rencontrais une fille, se souvient Gérard, et malgré tous mes échecs, je m'attendais toujours à ce qu'elle prenne soin de moi pour le reste de mon existence, tout ça parce qu'elle avait couché avec moi. Lorsque j'étais amoureux, c'est comme si j'avais déposé une couronne sur la tête de mon amante... Mais comme je lui en demandais trop, elle finissait par me laisser tomber. » Au cours des entretiens, Gérard a pris conscience assez vite qu'il était amoureux d'un rêve, d'une princesse ou d'une bonne fée, et que la vie valait la peine d'être vécue même s'il renonçait à ce rêve. Comme Pierre, il s'était attaché à une image idéale de son* anima, *une image plutôt maternante. Avec la thérapie, il s'est aussi rendu compte que ses histoires d'amour, qui se répétaient toujours selon le même scénario, étaient autant des élans sincères et spontanés que des tentatives pour échapper à la déprime... et qu'il avait souffert d'une telle carence affective dans ses premières années que son désir d'attachement était devenu un besoin maladif et constant de combler un vide terrible.*

Gérard a pris conscience que, s'il voulait que s'apaise ce désir qui le taraudait, il lui fallait s'entourer d'un bon nombre de relations amicales pour ne plus faire dépendre son équilibre affectif d'une seule personne.

Les causes de la dépendance

L'angoisse de la solitude

Avec l'angoisse de la solitude, on s'accroche à qui l'on peut. On préfère être avec n'importe qui, plutôt que d'être seul. On est alors comme un naufragé qui préférerait s'accrocher à un requin ou à un vieux rafiot, plutôt que de risquer de couler... Colette Dowling rapporte ces propos surprenants d'une femme qui disait : « *Si seulement il y avait un homme à la maison, même s'il dormait, s'il était ivre ou malade, ce serait mieux que d'être seule.* »

Avec un besoin d'amour excessif, il est fréquent de s'en remettre au premier venu et de supporter de vivre dans cette relation, aussi mauvaise soit-elle, plutôt que d'affronter le risque de rencontres successives, dont on ne connaît pas *a priori* l'issue. Mais n'est-ce pas un mauvais calcul ? En se maintenant dans une situation insatisfaisante, on étouffe tout épanouissement personnel.

Une mauvaise image de soi

Si Catherine (voir son témoignage plus haut, p. 32) avait porté pendant de longues années une mauvaise image d'elle-même, c'est parce qu'elle ne s'était jamais sentie reconnue et appréciée ni par son père ni par sa mère. Elle s'était même sentie niée et la crainte de n'être pas grand-chose l'avait toujours taraudée. Catherine souffrait d'une insuffisance du sentiment d'identité personnelle. Au fond, avant la thérapie, elle ne savait pas vraiment bien qui elle était, ni ce qu'elle voulait. L'évolution de Catherine a été non seulement de trouver l'envie de s'investir davantage dans sa vie professionnelle, mais encore de se donner du temps pour suivre des cours de théâtre amateur. Elle a ainsi pratiqué une activité enrichissante de développement personnel grâce à laquelle elle s'est trouvée naturellement mêlée à d'autres personnes, ce qui lui a permis de faire de nouvelles rencontres amicales. Peu à peu, elle en est venue à dépendre moins de son ami Jean, et à ne plus se sentir vide en son absence.

La crainte de l'abandon

On en souffre lorsqu'on a déjà été abandonné, mais aussi lorsqu'on a subi une importante carence affective. C'est pourquoi, lors d'un travail thérapeutique, l'expression émotionnelle de souvenirs et de sentiments refoulés depuis la plus tendre enfance resurgit fréquemment. La décharge des émotions, et en particulier de celles liées aux sentiments d'abandon, opère alors une véritable libération qu'on appelle « catharsis ». Et, généralement, la guérison des troubles affectifs commence à s'amorcer au fur et à mesure que cesse la répression de la colère ou des larmes. Communiquer sa souffrance à qui peut l'entendre aide à s'en affranchir.

C'est une délivrance qui permet au processus de deuil de se mettre en place.

Le complexe du sauveur

Il s'agit d'un mécanisme compulsif par lequel on essaie à tout prix de guérir et de sauver malgré lui un partenaire qui ne veut pas changer ! Notons que ce complexe du sauveur peut amener ceux qui l'utilisent à un usage pervers de leurs connaissances « psy ». Ils passent alors leur temps à analyser les problèmes de l'autre plutôt que de se remettre en cause et de se demander pourquoi ils s'occupent si peu d'eux-mêmes.

■ *« C'était un grand névrosé, se souvient Anne, un jour il voulait m'épouser, le lendemain il retournait chez sa femme. Au fond de moi, je déplorais régulièrement son instabilité et son incapacité à choisir et à s'engager. En l'analysant, je mettais cela sur le compte de la composante obsessionnelle de sa personnalité. Mais chaque fois qu'il revenait, je faisais semblant d'être heureuse pour continuer de lui plaire et le reconquérir. C'est sûr, je trichais, je n'étais pas moi-même. J'ai pris conscience que, si j'avais adopté ce comportement de sauveur depuis si longtemps, c'est parce que je ne parvenais pas à m'occuper de moi d'abord et reprendre ma vie en main, à la suite d'une série de difficultés tant dans ma vie professionnelle que sentimentale. Mon thérapeute m'a dit que, par-*

fois, il peut arriver que l'on tombe dans le piège de s'occuper des problèmes des autres en négligeant les siens. J'ai mis du temps à admettre cela, mais quand je l'ai admis, j'ai commencé à faire mon analyse plutôt que celle de mon ami. J'ai fini par comprendre qu'avec ses problèmes, si je restais avec lui, c'était comme d'essayer de sauver un noyé qui m'entraînerait dans sa noyade. Alors que, moi-même, j'avais besoin d'être aidée à poursuivre mes objectifs de réalisation personnelle. »

Test : êtes-vous dépendant ?

– Êtes-vous régulièrement attiré par des personnes avec qui la relation est particulièrement insatisfaisante ?

– Attirez-vous surtout des gens qui ont besoin de votre aide ?

– Êtes-vous bouleversé quand votre partenaire ne vous apporte pas tout l'amour que vous attendez ?

– Mettez-vous votre partenaire sur un piédestal ?

– Avez-vous le sentiment que, sans lui, la vie est dénuée d'intérêt ?

– Acceptez-vous qu'il fasse très souvent pression sur vous pour que vous vous comportiez différemment ou pour vous inciter à abandonner vos centres d'intérêts au profit des siens ? (Peut-être le faites-vous pour lui plaire... Mais votre vie vous appartient-elle ? Et si elle ne vous appartient pas, à qui appartient-elle ?)

– Laissez-vous votre partenaire vous maltraiter sous prétexte que vous l'aimez ? (Peut-être est-ce parce que vous voulez maintenir à tout prix la relation ? Mais l'amour, est-ce un poids à porter ou bien n'est-ce pas plutôt quelque chose qui nous porte ?)

– Allez-vous, parce que vous craignez le changement, vous résigner à une relation qui entame sérieusement votre joie de vivre et vous prépare à la dépression ?

– Votre attention est-elle essentiellement centrée sur votre partenaire, sur ses attitudes et sur son comportement ?

Si vous répondez positivement à au moins quatre de ces questions, vous êtes dépendant.

Guérir de la dépendance

Si vous avez commencé une relation sous le signe de la dépendance, ou si votre relation a évolué de telle sorte que vous avez le sentiment que votre partenaire ne vous accorde plus toute l'attention dont il vous gratifiait au début, cette relation devient synonyme de souffrance. Votre partenaire ignore de plus en plus vos besoins, et vous voilà désemparé. Peut-être que, dans l'enthousiasme effréné des premières rencontres, lorsque vous étiez amoureux, vous ne vous êtes pas rendu compte qu'il s'intéressait moins à vous qu'à l'effet que vous faisiez sur lui. Et maintenant, avec surprise, vous découvrez sa relative indifférence à vos attentes...

Le risque est de se trouver empêtré dans une

relation dans laquelle chacun tente de « tirer la couverture à soi ». Ce n'est plus une relation d'amour, mais une lutte pour le pouvoir! Il est peut-être temps alors d'essayer d'en sortir.

Si vous décidez de rompre, par la séparation ou le divorce, sans doute allez-vous traverser des moments difficiles et éprouvants. Ce n'est pas facile, il faudra compter avec votre peine. Sachez cependant que votre souffrance est normale, qu'elle est naturelle, mais ne sera pas éternelle. Et sachez aussi que, si vous trouvez quelqu'un à qui vous confier (cela peut être un professionnel), vous passerez le cap plus rapidement. Il y a des circonstances où il est naturel, d'ailleurs, de se faire accompagner! Entreprendre un travail de thérapie permet d'aller plus vite vers la « sortie du tunnel » : car s'en sortir seul est souvent trop difficile et trop douloureux!

Pour se retrouver soi-même, et prendre un nouveau départ, il sera souvent nécessaire d'exprimer d'abord ses frustrations, sa tristesse et sa rage dans le cabinet d'un thérapeute. C'est à ce prix que l'on peut ensuite écouter la petite voix de la raison et désapprendre certains réflexes conditionnés qui entravent tout épanouissement.

Pour cela, il va falloir reconnaître et retrouver au fond de soi l'enfant intérieur qui avait besoin d'être aimé et admiré, et dont la soif d'amour était si intense qu'il s'est attaché à ceux-là mêmes qui le privaient d'affection... On comprend alors que, de la même façon que l'on s'était attaché à un parent qui ne donnait pas d'amour, on peut s'attacher à un amant qui ne donne pas d'amour.

Pour se libérer de la dépendance, il est fondamental de ne pas confondre amour et attachement excessif ! Mais, plutôt, de reconnaître qu'il peut s'agir d'une sorte d'obsession. Avec la dépendance, le but essentiel est de conserver la relation, de posséder l'autre et surtout de ne pas le perdre. Mais qu'en est-il de la qualité de la relation ?

On parle d'attachement excessif lorsqu'il est manifeste que l'on a trop besoin de l'autre pour se sentir exister... (L'attachement n'est pas l'amour, l'attachement conduit à la dépendance et à la souffrance : un jour ou l'autre, la personne à laquelle on est trop attaché vient à nous manquer ou à nous frustrer. La frustration est alors d'autant plus grande que l'attente était excessive.) Un grand nombre d'émotions négatives de peur, de peine et d'angoisse proviennent de notre crainte de perdre l'objet de notre attachement ou de notre peur de ne pas obtenir de lui ce que nous désirons. L'attachement excessif est un état qui finit toujours par engendrer des sentiments pénibles d'inquiétude et de manque.

L'amour, en revanche, est un état de joie. En aucun cas il ne peut conduire à la dépendance et à la souffrance. Le chemin de la guérison vous amènera à devenir plus « aimants » et moins « attachés ». Mais pour cela, il faudra apprendre à faire le deuil d'un attachement maladif.

Pour se libérer d'une relation malsaine, il faut avoir le courage de cesser de justifier sa souffrance en se disant : « Mais je l'aime ! » Cesser de croire que l'amour fait souffrir... une croyance tout à fait irrationnelle !

Avec la guérison, vous pourrez trouver votre raison d'être en vous. Vous pourrez vous permettre de vivre pour vous-même, et non par procuration ! Vous arrêterez de placer tous vos rêves en hibernation dans la boîte des « On verra plus tard ».

Avec le soutien d'un thérapeute, en individuel ou dans un groupe de pairs (comme dans l'atelier Paroles de femmes), on peut se fixer de nouveaux objectifs et agir :

– N'y a-t-il pas des choses plaisantes à faire sans son amoureux ?

– Pourquoi les week-ends ne seraient-ils pas des jours comme les autres, des jours à vivre et non des jours à attendre un improbable coup de fil... ?

Il est toujours temps de commencer à faire des projets de réalisation personnelle. Avez-vous un hobby ? Qu'est-ce qu'il vous plairait d'apprendre ? (Peinture, sculpture, langue étrangère, informatique, tango argentin, etc.)

Lorsque vous vivez une relation qui vous fait

souffrir, rappelez-vous : jadis, la plupart des gens acceptaient de rester accrochés à une relation morte leur vie entière parce qu'elle leur apportait la sécurité et une stabilité matérielle et affective. Aujourd'hui, on attend d'une relation davantage de joie de vivre, d'entente, de dialogue...

Et si une relation vous fait souffrir, c'est peut-être parce que vous avez une tendance inconsciente à rechercher les situations émotionnelles vécues dans l'enfance (même lorsqu'elles sont négatives !) : c'est le syndrome de répétition. Ainsi, si vous êtes encore en colère contre vos parents et que cette colère n'a jamais été exprimée, qu'elle demeure refoulée, vous aurez tendance à aller vers des partenaires avec qui entrer en conflit : inconsciemment, vous cherchez à vider enfin l'abcès... Si, inconsciemment, vous voulez encore guérir à tout prix vos parents, vous attirez des partenaires qui ont besoin d'être guéris parce que vous voulez les sauver à tout prix ! Enfin, si vous avez peur d'être envahi, et de perdre votre autonomie, vous serez angoissé par une grande intimité relationnelle et surtout par l'engagement. Vous choisirez des partenaires qui ne peuvent pas s'engager ou bien qui ne vous plaisent pas vraiment, ou bien encore qui ne sont pas libres...

Et rappelez-vous : n'évitez pas d'entrer en relation avec une personne nouvelle qui vous attire par peur de l'inconnu ou par crainte de mettre la barre trop haut. En amour, vous obtiendrez ce que vous pensez inconsciemment mériter et pas plus !

Si la dépendance vous a entraîné à répéter des relations trop insatisfaisantes, c'est peut-être que vous ne vous faites pas suffisamment confiance pour vous lancer dans un nouveau genre de relation. Peut-être avez-vous besoin de vous faire encourager ? Un psychothérapeute, s'il est compétent, peut le faire. C'est un *coach*, il trouvera les mots pour vous redonner confiance.

Mais en rompant avec un certain type de relation, peut-être redoutez-vous par-dessus tout la solitude ? Il n'est jamais seul, celui qui sait se passionner pour quelque chose et faire partager sa passion. C'est de la vie qu'il faut tomber amoureux ! C'est elle qui vous tend les bras et vous offre les opportunités, à condition d'y croire et d'y répondre !

Ainsi, pour commencer à guérir de la dépendance et créer une relation satisfaisante, élargissez le cercle de vos relations. En vous créant de nouvelles amitiés, vous dépendrez moins d'une seule personne.

Aimer sans souffrir

L'amour, c'est la passion de la vie !

Organisez-vous de temps en temps une sortie en solitaire, car tant que vous attendrez que l'énergie d'entreprendre vous vienne d'un autre, vous essaierez de lui ravir cette énergie et vous serez emprisonné dans des luttes de pouvoir.

Et toujours pour continuer à guérir :

– Traitez-vous comme le prince et la princesse que vous êtes : dorlotez-vous, prenez soin de vous (ne comptez pas exclusivement sur quelqu'un d'autre pour cela).

– Souriez-vous à vous-même sans raison. Se sourire à soi-même, c'est comme un bain d'amour.

– Mettez de l'ordre dans vos placards. Redécorez votre maison. Apprenez un art nouveau, une technique nouvelle.

Et si vous faites une nouvelle rencontre, rappelez-vous : on commence trop souvent une relation avec l'angoisse du futur. Mais vous avez le droit de la vivre sans que rien ne soit définitif, de prendre votre temps ! En essayant d'étiqueter trop vite et de contrôler ses relations, on les sabote... Parfois, on est conditionné par un tel besoin de sécurité qu'on se demande, un peu trop vite : « Est-ce le bon ? » Et surtout si l'on a été conditionné par les imprécations stressantes de parents trop soucieux de vouloir « caser » au plus vite leur progéniture.

Mais il y a parfois, au contraire, des parents qui, angoissés de voir leur enfant prêt à s'émanciper, font tout pour semer le doute et l'inquiétude à propos des qualités humaines du partenaire fréquenté. Et cette inquiétude vient perturber la relation, la dramatiser. Pourquoi ne pas laisser les choses évoluer, et bien vivre aujourd'hui, en se préoccupant moins de demain !

Sachez qu'un travail thérapeutique sur vous-même pourra vous aider à vous déconditionner des sentiments d'insécurité programmés dans l'enfance !

Autre point important : dans toute relation, vous pouvez demander, et même demander tout ce que vous voulez, du moment que vous n'exigez rien ! Libre à l'autre de répondre à votre demande. Mais demander, c'est se respecter, c'est prendre soin de soi. C'est être clair. Ne culpabilisez pas ! Demander n'est pas imposer : votre partenaire est libre de vous répondre favorablement ou non. Il n'y a rien de plus déprimant que de rester dans l'attente, dans l'espoir... Dites ce que vous avez à dire.

Trop souvent, l'on a peur de reconnaître ses besoins, et de les exprimer, par peur d'être dépendant. Et pourtant, ce sont les besoins cachés, déniés, qui à son insu rendent dépendant. En ne reconnaissant pas ses besoins d'estime, d'attention, d'amour, et en évitant toute demande, en faisant semblant d'être celui qui n'a besoin de rien, on risque de provoquer la fuite de ceux-là mêmes qui étaient pourtant bien disposés.

Pour aimer sans souffrir, respectez-vous en vous engageant d'abord avec vos valeurs, c'est-à-dire avec ce qui compte pour vous, ce qui est essentiel à votre bien-être, et *ensuite seulement* avec votre partenaire ! C'est votre vie à vous que vous vivez, pas celle d'autrui.

C'est pourquoi, lorsque vous aimez quelqu'un de toute votre âme, apprendre à dire « Non » à ce qui ne vous convient pas est indispensable. Ne suivez pas l'exemple de cette femme qui disait : *« Pour qu'on m'aime, je m'adapte à l'autre. J'essaie de faire le plus souvent possible ce qu'il veut que je fasse. J'essaie de devenir ce qu'il veut que je devienne. »* Les graines de la souffrance et de la dépression trouvent leur terreau dans cette dépendance !

Pour une écologie relationnelle

Les couples qui durent et qui s'aiment sont des couples qui s'entendent sur des valeurs communes, essentielles pour eux. Cela ne veut pas dire qu'ils soient d'accord sur tout ! Une des premières choses à faire est donc de définir qui vous êtes et ce que vous désirez réellement.

Qu'est-ce qui compte vraiment pour vous ? Pour répondre à cette question, et vous sentir satisfait de la réponse, il vous faudra sans doute vous abstenir de vous conformer à un modèle (celui de la copine, des médias ou des parents...).

Et rappelez-vous : un bon partenaire, un partenaire capable de vous faire du bien et désireux de le faire, ne pourra vous aimer que si vous vous aimez vous-même. Ne le découragez pas !

Dites-vous, aussi, que vous pouvez décider de fréquenter des personnes « nutritives » qui vous apprécient et non des personnes « toxiques », qui vous polluent l'esprit par leurs critiques, sans rien vous apporter de positif. Ne soyez pas une victime de la relation amoureuse... Et lorsque vous vous aimerez suffisamment vous-même, vous ne laisserez pas les autres vous maltraiter !

Chapitre II

L'ESTIME DE SOI

Le besoin d'estime de soi

La vie est un combat. Et, pour faire face aux défis de l'existence, chacun a besoin de cette estime de soi.

L'estime de soi est l'une des clés indispensables du succès, quel qu'il soit.

Mais qu'est-ce que l'estime de soi ? Tout simplement l'aptitude que l'on a de se respecter soi-même, de se sentir digne d'amour et plus encore de s'accorder suffisamment de valeur pour se faire confiance dans la poursuite d'objectifs qui sont chers. À l'opposé, la peur de ne pas être à la hauteur et d'être jugé par autrui, si répandue, constitue, lorsqu'elle est excessive, un lourd handicap.

Une bonne estime de soi permet de persévérer dans toutes les circonstances où l'approbation des autres et leur compréhension font défaut. Elle est essentielle pour faire face à l'hostilité et l'incompréhension !

On ne peut pas toujours tout réussir. Cependant, avec une bonne estime de soi, on se sent digne d'amour, quels que soient les réussites ou les échecs. Mais si, hélas, on est trop souvent critique vis-à-vis de soi-même (anxiété d'évaluation) ou si l'on se compare régulièrement aux autres (anxiété de performance), avec pour résultat de se sentir inférieur, on manque d'estime de soi.

Une mauvaise estime de soi peut favoriser une dépression latente ou une anxiété qui sont de lourdes barrières à franchir dans la recherche du bonheur.

Avoir une bonne estime de soi, c'est avoir une image de soi suffisamment solide pour assumer les échecs lorsqu'ils se présentent, et repartir d'un bon pied ! C'est aussi être capable d'encaisser les refus, les rejets ou les déceptions sans se sentir « démoli ». Remarquons encore que l'estime de soi ne dépend pas uniquement de la manière dont on nous évalue, mais qu'elle dépend aussi largement de nos critères personnels d'évaluation.

Néanmoins, c'est d'abord dans la relation à l'autre qu'elle se construit. Pour Georges Herbert

Mead[1], le soi ne se construit que par le détour de la communication avec des autrui significatifs. En effet, leurs regards, leurs jugements et leurs demandes constituent une médiation indispensable à l'édification de la conscience de soi. Et si, dans l'enfance, la famille est au centre du processus de révélation de soi, à l'âge adulte, ce sont les relations affectives qui nous permettent de mieux nous découvrir et de nous révéler plus pleinement à nous-même. C'est aussi l'opinion du sociologue François de Singly[2] : « Les parents ou le conjoint peuvent être en grande partie définis de façon identique. Les uns et les autres ont fonction de valider l'identité de leurs proches en les aidant à révéler toutes leurs ressources cachées. »

De la même façon que l'enfant s'est nourri affectivement du regard de sa mère, l'adulte se nourrit de la reconnaissance de la personne qui lui est significativement proche. Non inséré dans une relation suffisamment riche, le soi est peu attractif pour lui-même.

Il se peut donc qu'à l'âge adulte, on ait encore besoin de l'attention bienveillante d'une autre personne pour pouvoir s'épanouir. Et c'est ce regard fondamental qui nous donne foi en nous-même et nous autorise à mieux nous réaliser.

1. *L'Esprit, le Soi et la Société*, PUF, 1963.
2. *Le Soi, le couple et la famille.*

■ *Marie-Cécile a terriblement manqué de ce soutien affectueux dans son enfance : « Ma sœur était la préférée de mes parents. Elle travaillait mieux à l'école et je sais qu'ils la trouvaient plus jolie. J'en ai beaucoup souffert et, plus tard, lorsqu'un homme tombait amoureux de moi, ça ne suffisait pas à me rassurer. Pour moi, il y avait toujours quelque chose qui n'allait pas. Je me trouvais toujours pas assez ceci ou pas assez cela. Malgré tous leurs efforts, aucun de mes compagnons n'est arrivé à m'apporter la confiance en moi qui me manquait. »*

Les origines d'une mauvaise estime de soi

Comme nous l'avons déjà dit, l'enfant dans son jeune âge est naturellement dépendant des adultes qui lui apportent la nourriture et les soins, mais aussi les marques d'attention qui lui permettent de se sentir suffisamment en sécurité pour découvrir et explorer le monde extérieur jusqu'à s'y risquer seul.

Un enfant, et plus tard un adolescent, qui malheureusement a grandi avec le sentiment permanent de n'être pas vraiment reconnu, ni apprécié, estimé et aimé par ses parents et les adultes qui l'entourent, aura sans doute plus de difficultés à se construire une bonne image de lui-même. Il pourra ainsi développer une prédisposition excessive à s'isoler et à se replier, ou bien encore à rechercher l'attention et l'intérêt des autres en se comportant de manière agressive. Il demeurera ensuite beaucoup trop dépendant du regard porté sur lui, avide de ce qu'il n'a pas reçu. Bien souvent, il essaiera d'attirer l'attention par la séduction ou l'agressivité. Peut-être alors en viendra-t-il à définir les principaux traits de son identité par le biais de cette reconnaissance qu'il est trop désireux de recevoir ; il se sentira alors contraint de jouer un personnage qui n'est pas vraiment lui-même...

■ *« Aussi loin que je regarde dans mon enfance, se souvient Marie-Cécile, je me vois toujours en train d'essayer de paraître la bonne petite fille dont ma mère sera fière, de ressembler à la poupée gentille qu'elle souhaitait avoir, et de faire taire mes demandes d'autonomie. Je crois même avoir fini par oublier mes propres envies et mes propres goûts. J'avais le sentiment que non seulement il me fallait mieux réussir à l'école pour rattraper ma sœur, mais encore que ma mère me mépriserait si je n'y arrivais pas. »*

L'enfant, en grandissant, gagne normalement de plus en plus en autonomie. Il devient progressivement de moins en moins dépendant de ses parents et des adultes qui l'entourent. Mais il ne peut franchir chaque étape de son émancipation que s'il s'est senti accompagné dans cette progression. Et surtout, il a besoin de sentir qu'il ne perdra pas l'amour de ses parents s'il ne réussit pas à satisfaire toutes leurs exigences.

Très tôt, il doit faire le choix entre écouter ses sensations, ses impressions, pour s'exprimer dans sa personnalité avec ses goûts et ses envies, et réprimer ses aspirations profondes pour protéger la sécurité d'une relation intime avec les adultes, essentielle pour lui. Dans ce cas, il se construit une identité qui sera moins déterminée par ses désirs et besoins personnels que par l'envie d'obtenir coûte que coûte une reconnaissance. Il devient excessivement dépendant d'autrui et du regard porté sur lui par l'adulte pour s'auto-évaluer et se construire une image de lui-même.

L'enfant sous terreur

Dans notre plus tendre enfance, nous avions tous besoin d'être remarqués et encouragés plutôt que d'être jugés. Mais certains d'entre nous ont pu souffrir d'une évaluation trop pesante de la part des adultes. Pire encore, certains ont été systématiquement dévalorisés, humiliés, et se sont trouvés régulièrement sujets aux sarcasmes. Ces enfants-là ont vécu dans la terreur d'être rejetés ou désapprouvés ; leur amour de soi s'est trouvé grandement entamé faute d'avoir été nourri par celui de leurs proches. Trop jeunes pour comprendre ce qui pouvait pousser les adultes à ne pas les aimer, ils se sont imaginé qu'ils avaient mal agi et méritaient le rejet. Ils n'ont pas été préparés à relever les défis de la vie grâce à l'amour et à l'attention qu'ils auraient dû recevoir. Ces enfants, qui ont profondément souffert, ont pu développer des sentiments d'infériorité ; dans leur vie d'adulte, cela les rend plus vulnérables que d'autres aux critiques.

■ *Marie-Cécile est un cas typique d'enfant sous terreur. « Lorsque j'avais fini mes devoirs d'école, il me fallait m'occuper des tâches ménagères ; et ma mère me donnait des coups de ceinture parce que je n'avais pas descendu assez vite la poubelle, alors qu'elle ne demandait jamais rien à ma sœur. À force de subir toutes sortes de brimades et de remarques humiliantes, un jour, j'ai voulu me jeter par la fenêtre et je me suis dit : "Je serai au Ciel et contente de voir que tout le monde accable maman." Je ne l'ai pas fait, mais j'étais comme terrorisée à l'idée de ne pas être à la hauteur et de ne jamais la satisfaire. » Devenue adulte, Marie-Cécile est entrée en thérapie parce qu'elle souffrait beaucoup de ne pas savoir quoi penser d'elle-même. Au cours des premières séances, elle passait son temps à s'auto-évaluer pour essayer de juger si elle était « normale » ou pas. Le thérapeute lui a proposé d'abandonner une telle question qui n'a pas de sens et de se fixer des buts et des objectifs concrets par étapes clairement définies. Il s'agissait pour elle, en tout premier lieu, de reprendre ses études, puis de préparer et de passer un concours pour rentrer à l'institut de formation des maîtres de l'Éducation nationale et devenir institutrice, ce qu'elle a réussi... Marie-Cécile a pu retrouver progressivement confiance en elle en prenant goût à comptabiliser ses succès dans un « journal de bord » au fur et à mesure qu'elle les réalisait et qu'elle venait les raconter à son thérapeute.*

■ *Jean-Pierre, lui, a eu un père très violent qui le frappait et le dénigrait sans cesse, le traitant d'incapable et de « gibier de potence ». Quant à sa mère, elle avait trop peur de son mari pour s'interposer !*

Beaucoup d'enfants, sans avoir vécu une enfance aussi douloureuse que celle de Marie-Cécile ou de Jean-Pierre, ont néanmoins subi suffisamment de critiques dévalorisantes pour avoir conservé à l'âge adulte ce sentiment si répandu de n'être pas à la hauteur. En effet, des remarques qui paraissent insignifiantes aux yeux des parents peuvent être vécues et ressenties par les enfants comme terriblement humiliantes.

■ *Le père de David avait l'habitude de lui dire chaque matin : « Tu n'as pas encore grandi aujourd'hui », phrase qu'il considérait comme humoristique !... Mais l'enfant, soucieux de plaire à son père, se mesurait régulièrement en cachette et se désolait de ne pas grandir plus vite. David en était venu à se prendre pour un Petit Poucet face à des géants! Et dans ses fantasmes, il rêvait de trouver lui aussi les bottes magiques qui lui permettraient de se déplacer très vite et très loin. Des années plus tard, en psychothérapie, il a retrouvé ce souvenir. Il a compris que c'était peut-être en partie à cause de cette petite phrase de son père qu'il avait si longtemps et si terriblement manqué de confiance en lui. Il a ainsi réalisé à quel point cela l'avait desservi dans ses rapports avec les femmes.*

Tous les problèmes relationnels que nous rencontrons dans la vie adulte ne se réduisent pas pour autant à ce schéma de dévalorisation excessive intériorisée dans l'enfance. Bien au contraire, on peut avoir été mis sur un piédestal, on peut avoir été un enfant-roi, traité comme un prince ou une princesse. On a alors été subtilement exploité et séduit (souvent par le parent de l'autre sexe), à tel point qu'il est bien difficile, à l'âge adulte, de rompre ce lien affectif très fort. Il y a des filles et des pères, des fils et des mères, qui forment inconsciemment un couple incestueux. L'enfant se trouve alors dans la position d'avoir à tenir la place d'un adulte manquant. Et lorsqu'il grandit, il se sent inconsciemment coupable de prendre son autonomie. L'enfant qui s'est trouvé placé dans un tel rôle aura du mal à l'âge adulte à trouver sa place ailleurs et à s'y investir. L'écrivain Romain Gary a souffert d'une situation de ce type, comme il le raconte dans son roman autobiographique[3] : « Ce fut seulement aux abords de la quarantaine que je commençai à comprendre. Il n'est pas bon d'être tellement aimé, si jeune, si tôt... Partout où vous allez, vous portez en vous le poison des comparaisons et vous passez votre temps à attendre ce que vous avez déjà reçu. Je ne dis pas qu'il faille empêcher les mères d'aimer leurs petits. Je dis simplement qu'il vaut mieux que les mères aient encore quelqu'un d'autre à aimer. Si ma mère avait eu un amant, je n'aurais pas passé ma vie à mourir de soif auprès de chaque fontaine. »

Faites le bilan !

– De quelle manière vos parents s'adressaient-ils à vous : avec respect ou dérision ?
– Dans quelle mesure les adultes qui vous entouraient vous permettaient-ils d'exprimer vos opinions sans risquer la réprimande, la punition ou le sarcasme ?
– Receviez-vous des compliments pour vos réussites ou seulement des critiques pour vos échecs ?
– Dans quelle mesure essayaient-ils de vous culpabiliser lorsque vous ne pensiez pas comme eux ?
– Enfant, étiez-vous encouragé à penser de manière

3. *La Promesse de l'aube,* Gallimard, 1971.

indépendante ou simplement tenu à vous soumettre à leur façon de penser?
– Est-ce que vos parents en appelaient à votre réflexion ou bien employaient-ils pour seul argument l'expression : « Fais-le parce que je te le dis »?
– Aviez-vous le sentiment d'être un fardeau ou un objet d'indifférence?
– Aviez-vous le sentiment que votre vie vous appartenait?
– Aviez-vous le sentiment d'être responsable de l'équilibre de l'un ou l'autre de vos parents?
– Étiez-vous assez souvent encouragé?
– Essayaient-ils de vous inspirer la crainte du monde et des autres gens?
– Valorisaient-ils votre féminité ou votre masculinité?

Peut-être, enfant, n'avez-vous pas reçu suffisamment les indispensables nourritures affectives qui viennent alimenter l'estime de soi.

Mais si, par bonheur, vous avez été encouragé à vous réaliser selon vos goûts et talents, et si vous receviez fréquemment des compliments, alors vous avez reçu les plus beaux cadeaux qui soient! Grâce à ces encouragements et à ces compliments, vous avez sans aucun doute gardé une grande estime à vos propres yeux. Vous avez acquis suffisamment de confiance en vos possibilités pour vous lancer dans la vie avec de grandes chances de réussite!

L'un des plus beaux cadeaux que peuvent faire les parents à leur enfant, c'est de lui donner confiance en ses propres possibilités.

Conséquences

Beaucoup d'adultes pensent que, si on les quitte pour quelqu'un d'autre, c'est parce qu'ils ne sont pas assez ceci ou cela, comme s'ils étaient toujours responsables de la faillite de leurs relations… Ce qui n'est évidemment pas toujours le cas. Mais il est bien certain qu'une insuffisante estime de soi favorise souvent l'échec !

■ *« Quand Serge m'a quittée pour Estelle, raconte Sabine, j'étais dans une angoisse terrible, et j'en ai été physiquement malade. J'ai craqué au travail. Je ne supporte pas les ruptures affectives. » Pour se changer les idées, Sabine est partie en vacances à Djerba mais, dit-elle : « J'étais triste à Djerba, je me sentais moche et je n'imaginais pas qu'un autre homme puisse faire attention à moi sérieusement. » Sabine a très peu de souvenirs de son enfance, si ce n'est des moqueries : « Mon oncle se moquait de moi parce que j'étais grosse et mon grand-père parce que j'avais peur du noir. Quant à mes parents, je ne me souviens pas d'un geste de tendresse ou d'un câlin de leur part. Et j'avais fini par me prendre pour le vilain petit canard. » Sabine avait si peu d'estime d'elle-même qu'il lui semblait n'exister que si quelqu'un l'aimait.*

Si l'on croit que l'on ne peut être aimé, qui nous aimera ? Si, par malheur, l'on s'attend à être régulièrement rejeté, on se construit une image de victime. Et cette croyance prépare le terrain aux plus mauvais scénarios !

■ *Geneviève était tombée amoureuse d'un homme marié, Pierre. Ce dernier occupait un poste à responsabilité dans l'entreprise où elle travaillait et elle avait été impressionnée par ses compétences. Pendant quelque temps, il avait été « aux petits soins » avec elle... Aussi, Geneviève avait-elle été heureuse et flattée qu'un homme de son envergure, si respecté, s'intéresse à elle. Mais lorsqu'ils furent devenus amants, l'attitude de Pierre avait rapidement changé : il ne l'emmenait plus ni au restaurant ni au cinéma, ne lui faisait plus de cadeau, et la prévenait au dernier moment qu'il passerait la prendre pour l'emmener à l'hôtel.*

Geneviève a vécu plusieurs expériences malheureuses de ce genre. Les situations se répétaient avec beaucoup de similitudes : comme si elle ne pouvait s'empêcher de tomber amoureuse et d'entretenir des relations avec des hommes qui la dominaient et la faisaient souffrir par leur violence morale. Avec l'analyse, cette jeune femme a compris que, pour elle, les hommes ne pouvaient être que des bourreaux (comme l'était son père) et les femmes des victimes (comme sa mère). Aussi, à chaque nouvelle rencontre, elle ne remarquait pas les indices et signes avant-coureurs qui auraient pu l'avertir qu'elle était tombée sur un homme violent et dominateur. Car au fond, pour elle, une certaine violence chez un homme était dans la nature des choses...

C'est sans doute pourquoi, tout au long des années, elle ne s'était attachée qu'à des hommes de type « bourreau » qui lui en faisaient voir « de toutes les couleurs » selon ses propres mots. Bien sûr, elle souffrait de cette situation et se sentait piégée dans ces amours invivables, mais cela recommençait chaque fois ! Lors d'une séance de thérapie, Geneviève s'est interrogée : « Pourquoi donc ai-je recherché des hommes qui, passé les premiers moments de passion, se montraient durs et sarcastiques à mon égard et ne perdaient jamais une occasion de me faire souffrir ? » À cultiver ainsi un certain goût pour le malheur, puisqu'elle se retrouve toujours dans des situations douloureuses, on serait tenté de croire Geneviève quelque peu masochiste. N'est-ce pas plutôt qu'elle n'arrive pas vraiment à concevoir une issue plus heureuse à sa relation ? Et n'est-ce pas aussi qu'elle recherche inconsciemment des hommes qui lui rappellent son père ? C'est avec de telles questions posées par son thérapeute que Geneviève a pu progressivement tirer un trait sur son passé. Mais le travail thérapeutique lui a aussi permis de se construire un plan de vie sentimentale plus positif.

Quand notre éducation nous a appris ce qu'est le respect, l'amour, la tendresse et l'affection..., le risque de tomber une fois sur un « mauvais numéro », voire une personne vraiment violente, existe peut-être. Cependant, si cela se reproduit régulièrement, il est probable que l'on provoque inconsciemment ces mauvaises rencontres. En revanche, il est bien certain que lorsque l'on n'est conditionné en aucune sorte à devenir une victime, on ne tombe pas régulièrement dans le piège !

La plupart du temps si, dans une relation amoureuse, on se laisse maltraiter et humilier, ce n'est pas par masochisme. C'est parce que l'estime et l'amour de soi, faute d'avoir été alimentés dans l'enfance par des caresses et regards tendres, se sont perdus au point que l'on préfère des marques d'attention violentes plutôt que de vivre dans l'angoisse inconsciente de n'être plus rien pour personne. Mais alors, on accepte l'inacceptable ! Et l'on paye bien cher ces marques d'attention.

■ *« C'est une amie qui m'avait présenté Bernard, raconte Dominique. Il me plaisait beaucoup, il avait beaucoup de charme, j'étais très amoureuse et très flattée qu'il s'intéresse à moi. Nous sommes sortis ensemble. Très souvent, il m'annonçait qu'il allait venir me voir et annulait ses rendez-vous au dernier moment. Je voulais acheter une voiture et, comme il travaillait dans un garage, il m'a dit qu'il m'en trouverait une du modèle que je cherchais. Il m'a demandé de lui avancer l'argent, ce que j'ai fait. Mais finalement, je me suis retrouvée avec une vieille occasion qui ne faisait pas l'affaire et valait sans doute beaucoup moins que ce que je lui avais payé. Je n'ai rien dit parce que j'étais très "accro" et que j'avais peur de le perdre.* »

Avec un peu plus d'estime de soi, on prend le parti de se faire respecter. On ne supporte plus l'inacceptable. On cesse d'être une victime.

Marie-France Hirigoyen[4] a bien décrit le processus victime/bourreau : « Les victimes nourrissent l'espoir que l'autre change, qu'il comprenne la souffrance qu'il inflige, qu'il regrette. Elles espèrent toujours que leurs explications ou leurs justifications lèveront les malentendus, refusant de voir que ce n'est pas parce qu'on comprend intellectuellement et affectivement, qu'il faut tout supporter. »

Solutions et guérison des blessures narcissiques

Pour guérir d'une insuffisante estime de soi, peut-être faut-il tout simplement recevoir ce que

4. *Le Harcèlement moral.*

l'on n'a pas reçu : les indispensables nourritures affectives que sont l'attention, les regards bienveillants et les encouragements qui vont aider à cicatriser les blessures narcissiques de l'enfance. C'est ce qu'un thérapeute vous apportera...

■ *« C'est la compréhension et l'attention que vous m'avez apportées qui m'ont permis de mieux me comprendre, de mieux savoir qui j'étais et de me sentir importante d'une manière plus saine, nous dit Geneviève. Je crois qu'avant la thérapie, j'étais pour ainsi dire amoureuse de ma propre souffrance, je ne pouvais m'en débarrasser tant elle m'était indispensable pour me sentir exister. Dans ma relation avec Pierre, j'avais le sentiment d'être importante en devenant une martyre, une vraie martyre de l'amour et pour cela de mériter un peu d'atten-tion... En mon for intérieur, je pensais : si tu m'écrases je t'aimerai toujours, je suis une femme aimante ! »*

Il est manifeste que, plus on avance dans la guérison affective, et plus on ose s'affirmer et se montrer tel que l'on est, sans craindre d'être démoli par l'opinion d'autrui. Si l'estime de soi est trop fragile, on vit dans la peur d'être anéanti par les remarques des autres, surtout ceux que l'on aime. Mais lorsque l'image que l'on a de soi est restaurée, on est moins sensible à ce que les autres pensent ; on ne cherche plus à se rassurer par leur approbation.

Améliorer son estime de soi

1. Refusez toute critique qui tend à vous rabaisser plutôt qu'à vous aider. (Vous n'êtes pas ce que les autres pensent de vous.)
2. Dans vos relations, rappelez-vous qu'une personne qui vous aime est beaucoup plus sensible à vos qualités qu'à vos défauts !
3. Fréquentez en priorité les gens qui vous complimentent sincèrement.
4. Avec vos amis, cessez de vous plaindre, parlez plutôt de vos succès.
5. Dressez la liste de vos réussites passées plutôt que celle de vos échecs !
6. Chaque semaine, tenez un journal de bord de vos nouvelles réussites.
7. Répétez-vous : « J'ai le droit d'être heureux et d'être aimé. »

Si vous avez besoin de renforcer une estime de soi trop fragile, répétez-vous que vous n'avez rien à prouver à personne et que vous pouvez par exemple :

1. Accepter de n'être pas toujours compris...

■ *Comme Éliane, infirmière : « Je suis sortie avec un homme beaucoup plus âgé que moi, que j'ai rencontré à l'hôpital. Ma mère n'a pas compris et elle me harcèle sans cesse pour me dire que ce n'est pas une relation "sérieuse". Elle aurait voulu avoir des petits-enfants et ne supporte pas l'idée qu'avec lui je n'en désire pas pour le moment. » Éliane accepte l'idée de n'être pas comprise par sa mère. La plupart du temps, on entend plutôt dire : « Je veux qu'on me comprenne », ce qui n'est qu'une façon déguisée de dire : « Je veux qu'on m'aime ». Mais on ne peut être aimé par tout le monde !*

2. Décider de ne plus vous sentir obligé de vous justifier auprès de votre partenaire lorsque celui-ci tente de vous culpabiliser.

■ *Comme Marianne, assistante de direction, qui a décidé qu'elle n'abandonnerait pas sa carrière après la naissance de son deuxième enfant, bien que son mari s'efforce de la culpabiliser en lui disant qu'elle ne sera pas assez disponible pour le bébé et qu'il en souffrira.*

3. Refuser les critiques de ceux qui ne tendent manifestement qu'à vous rabaisser.

■ *Comme Brigitte qui se fait régulièrement houspiller par son chef de service : il lui reproche de n'avoir pas terminé le travail sur un dossier alors qu'elle poursuit sa journée bien au-delà de l'heure normale. Elle a décidé que, désormais, elle répon-*

dra avec un grand sourire qu'elle fait son maximum mais que le dossier sera terminé lorsque ce sera possible.

(En toutes circonstances, souvenez-vous qu'il n'y a pas lieu d'être chamboulé ou de vous laisser démolir par des remarques injustes. Vous n'êtes absolument pas obligé de donner de l'importance à l'opinion de quelqu'un qui ne cherche qu'à vous dévaloriser...)

4. Décider que vous n'êtes en aucune façon obligé de justifier de votre comportement auprès de qui que ce soit.

■ *Comme Hélène qui fréquente deux hommes : l'un lui apporte la sécurité affective et l'autre est un amant qui, dit-elle, la comble sexuellement. Ses parents la harcèlent pour, disent-ils, qu'elle se décide et fasse un choix. Mais Hélène a choisi de mener sa vie comme elle l'entend.*

5. Décider d'agir pour vous-même dans votre intérêt et non pour plaire à tout prix.

■ *Comme Clara qui aimerait sortir plus souvent. Son compagnon, lui, est plutôt casanier et n'aime pas sortir. Il préférerait tellement qu'elle reste à la maison avec lui ce soir comme d'habitude ! Mais elle a rétorqué que cette sortie est importante pour elle et qu'elle la fera avec une amie.*

Les racines de la force

Nous ne sommes pas tout-puissants. Nous ne pouvons pas tout contrôler dans notre vie.

Cependant, nous savons très bien que nous aurions pu éviter quelques déboires en nous comportant différemment. Aussi pouvons-nous, de temps en temps, faire des bilans (en évitant toute culpabilisation).

Si nous voulons changer quelque chose dans notre vie, nous devons apprendre d'abord à accepter de nous regarder en face, tels que nous sommes aujourd'hui. Nous ferons ainsi l'« état des lieux », même si c'est douloureux parfois de prendre conscience de ses erreurs...

■ *Marie-Claire, déprimée suite à une série d'échecs dans sa vie sentimentale, vient consulter un thérapeute. Elle se plaint d'avoir été abandonnée de nombreuses fois par des hommes qui lui plaisaient et dont elle avait été très amoureuse. Elle raconte que, dans son enfance, petite fille, elle était très impressionnée par l'autorité de son père et qu'elle souffrait de voir que sa mère n'avait toujours que le second rôle, se pliant régulièrement aux décisions de son mari. Marie-Claire a toujours eu le sentiment que sa mère était faible et manquait de personnalité. Et ça, dit-elle, elle ne veut surtout pas le reproduire ! Aussi, tout en étant attirée par des hommes à la personnalité bien affirmée, elle a toujours peur qu'ils prennent un peu trop d'ascendant sur elle et de passer ainsi pour quelqu'un de faible. Elle craint de « tomber sous leur coupe », d'être dominée par eux et de perdre son autonomie. En réaction à ses craintes, elle se montre alors agressive, ce qui les éloigne immanquablement.*

Après quelques entretiens, Marie-Claire a pu prendre un autre chemin et se libérer progressivement de ses difficultés à établir une relation amoureuse durable : elle a mieux compris les racines du problème et accepte de se remettre en cause, de tenir compte de sa part de responsabilité dans ses échecs.

Elle a pu rencontrer un homme avec qui elle va se marier. Elle accepte que, parfois, ce soit lui qui ait le rôle de leader dans le couple. Elle se sent alors quelque peu dominée, mais quand sa raison lui dit qu'elle exagère, elle n'en souffre plus.

Estime de soi et culpabilité

Une bonne estime de soi implique de se débarrasser de toute culpabilité. Des regrets oui, de la culpabilité non. La culpabilité n'est souvent que l'intériorisation de principes rigides et irrationnels, elle entrave la réflexion et ne mène à rien de positif. De plus, des sentiments de culpabilité, trop longtemps entretenus, viennent masquer la nécessité de prendre nos responsabilités ici et maintenant, et d'agir vraiment pour que les choses changent. C'est en arrêtant de ressasser un passé qui ne peut être changé que l'on peut prendre un nouveau départ ! Au lieu de remâcher ses erreurs passées, il faut accepter de vivre ses émotions et sentiments, sans porter de jugement, mais avec le désir d'être conscient et la volonté de faire face aux réalités.

Quelques principes dont vous pouvez vous débarrasser

– L'impératif perfectionniste : « Je dois être parfait. » Ou bien encore : « Je dois être le meilleur. »
– L'impératif irréaliste : « Je dois être aimé de tous. »
– La compulsion à se soumettre : « Je ne dois rien contester. »
– La compulsion au sacrifice : « Je dois être attentif au bonheur des autres au détriment du mien. »
– Les fantasmes d'omnipotence : « Je dois tout savoir » ou : « Je dois me débrouiller tout seul ».

Pour gagner en autonomie et vous débarrasser de la culpabilité :

– Vous pouvez décider de devenir moins dépendant de la manière dont les autres évaluent votre comportement.

– Vous pouvez décider de devenir plus autonome dans la manière de vous évaluer selon vos critères personnels.

– Vous pouvez décider de faire confiance à vos capacités d'analyser les situations en prenant des avis extérieurs mais sans vous soumettre à l'approbation des autres.

– Quand un donneur de leçons vous accable avec ses : « tu devrais » ou : « il n'y a qu'à... » ou bien encore : « tu aurais dû... », vous pouvez ne pas vous laisser polluer l'esprit par ces remarques.

Et encore :

– Soyez tolérant pour vos erreurs passées.

– Acceptez pleinement de ne pas être parfait, et que vous ne le serez jamais, mais soyez assuré d'être perfectible.

– Acceptez vos défauts aujourd'hui pour mieux vous en débarrasser demain.

– Soyez assuré de votre valeur quels que soient vos échecs qui ne doivent en rien la remettre en cause.

– Lorsque vous vous fixez un nouvel objectif, faites-vous soutenir par une personne bienveillante ou par un groupe de soutien.

– N'attendez pas le succès pour vous aimer. Commencez dès maintenant !

– Reconnaissez que vous faites de votre mieux et que tout apprentissage se fait par essais et erreurs. (Ne dramatisez donc pas vos échecs.)

– Ne laissez pas les autres décider de ce qui peut être pour vous un motif de fierté. C'est à vous de le décider. (Il ne s'agit pas de dénier la nécessité d'un changement ou d'une amélioration souhaitable, mais c'est à *vous* de décider de ce que vous voulez changer dans votre vie !)

– En tout état de cause, au lieu de dresser la

liste de vos erreurs et de les ressasser, faites plutôt le bilan de vos réalisations personnelles. Les racines de votre force sont à chercher dans vos réussites antérieures... Faites une liste d'au moins dix de vos succès.

– Et commencez à vous aimer dès aujourd'hui, même si vous n'êtes pas encore tel que vous le souhaitez. (Car l'estime de soi implique de se débarrasser de toute culpabilité !)

Au-delà de l'ego et du narcissisme

Attention cependant de ne pas confondre estime de soi et narcissisme. Les personnalités narcissiques sont incapables de communiquer correctement avec autrui parce qu'elles ne perçoivent pas l'autre tel qu'il est mais plutôt comme un prolongement d'elles-mêmes.

■ *Pierre est quelqu'un tout à fait sûr de lui. Il est fier de ses succès professionnels et financiers. C'est aussi un sportif accompli et un homme qui a toujours réussi tout ce qu'il entreprenait. Il a fait de grandes études alors que sa femme n'a pas le baccalauréat et, pour cela, il la méprise. Il se moque régulièrement d'elle devant tous leurs amis et déclare à qui veut l'entendre qu'elle ne fait pas grand-chose. Son épouse, Sabine, est femme au foyer et élève leurs deux enfants. Elle est malheureuse et souffre du manque d'estime de son mari. Pierre pense qu'il n'a rien à se reprocher parce qu'il la fait vivre dans une très belle maison, l'emmène dans les meilleurs endroits, et qu'il lui offre donc une qualité de vie exceptionnelle. Il aime montrer sa femme, mais en fait, il l'exhibe comme un bel objet. Un jour, il a même eu la grossièreté de dire à ses amis, en présence de Sabine : « Ma femme est une belle plante. »*

Un homme comme Pierre est doué d'une très grande estime de soi, mais c'est un hypernarcissique qui utilise les autres et en particulier ses proches comme des instruments au service de son ego. Les autres ne sont que des prolongements de lui-même destinés à le conforter dans une image grandiose de soi.

■ *Richard Wagner, le grand compositeur allemand de la fin du XIXe siècle, était sans doute l'un de ces hypernarcissiques. On raconte que, lorsqu'il invitait ses amis, c'était uniquement pour leur faire admirer ses œuvres. Un soir, par malheur pour lui, ses invités se retrouvèrent à discuter sans lui d'un sujet qui les passionnait. Il ne se trouva plus être, comme d'habitude, le point de mire et le centre unique d'intérêt ; il se mit alors à vociférer et à hurler jusqu'à mobiliser toute l'attention sur lui seul.*

Avec la maturité, on ne cherche plus à diminuer les autres pour s'élever, avec l'arrogance d'un ego fier et dominateur. On s'est débarrassé de tout sentiment vain de supériorité, mais on ne s'est pas pour autant enfermé dans une vanité prétentieuse. On est simplement prêt à surmonter les défis de l'existence et à mieux s'occuper de soi.

Une personne qui a acquis la véritable maturité est parvenue à suffisamment d'estime de soi pour disposer d'une force puissante au service de ses entreprises quelles qu'elles soient. Elle peut s'engager plus complètement et plus profondément dans la poursuite de ses objectifs, par exemple trouver un amour ou un travail plus enrichissant... Une telle personne n'est plus entravée par le désir de recevoir de l'attention, ce désir qui souffre souvent du désespoir d'en recevoir vraiment.

L'estime de soi n'est pas à confondre avec une quelconque vanité prétentieuse, et parvenir à une bonne estime de soi n'est pas la fin du voyage. Ce n'est qu'un préalable, une question de santé mentale et d'équilibre. Ce bien-être intérieur n'exclut pas l'ouverture aux autres.

Rappelez-vous les deux formules clés suivantes : « Je me sens le droit de vivre et d'être heureux » et : « Ce qui me rend heureux est bon ! » Il ne s'agit pas là de prôner l'égoïsme pour améliorer son bien-être... Il ne s'agit pas de sacrifier les autres à soi, ni de se sacrifier pour les autres. Car la recherche du bonheur individuel ne s'oppose pas au bonheur collectif.

Vous pouvez décider que vous aurez toujours à

cœur de vous traiter avec amour et respect, et vous engager à agir de manière identique avec les personnes qui entreront en relation avec vous.

Nous pouvons choisir de vivre autant au service de nous-même que des autres, de notre conjoint et de nos enfants. Le partage est essentiel à l'amour.

Estime de soi et vie amoureuse

En amour, nous ne pouvons pas réussir une relation satisfaisante si nous n'avons pas assez d'estime de nous-même et si nous ne nous croyons pas digne d'amour ! La plus grande barrière à l'amour est la peur de n'être pas aimable.

Le plus grand obstacle au bonheur est de le croire impossible.

■ *« Au fond, je ne me sentais pas le droit de mériter un bonheur simple, raconte Christine. Chaque fois que je me sentais un peu heureuse, j'étais aussi inquiète car je m'attendais à de nouvelles souffrances, à la répétition de ce que j'avais vécu pendant des années avec ma mère. Je ne croyais pas possible pour moi de réussir un amour serein et tranquille. J'imaginais toujours qu'une tragédie allait survenir et si, pendant des années, j'ai galéré dans mes relations avec les hommes, c'est peut-être qu'inconsciemment, je provoquais les situations pour faire naître les tragédies. Lorsque j'étais heureuse, j'étais si anxieuse que je faisais tout rater. C'est surtout la peur qui mène à l'échec ! Avec la thérapie, j'ai compris que ma croyance profonde, c'était que je ne pouvais vivre que dans la souffrance. Il m'a fallu m'efforcer de penser différemment. Pendant des années, je pensais avoir fait un travail sur moi en analysant ce qui avait échoué dans mes relations, sans jamais me confronter à mon problème principal : je ne m'aimais pas assez. »*

■ *Sonia, quant à elle, ne se sentait pas mériter le bonheur ! « Je suis toujours tombée sur des hommes violents. On est amoureuse, on est contente, on croit avoir trouvé sa seule chance, et on ne dit rien parce qu'on veut le garder. Mais quand on ne dit rien au départ, qu'on accepte tout, c'est difficile après. J'ai accepté longtemps une situation intenable parce que je croyais ne pas mériter mieux. »*

Avec une meilleure estime de soi, la réussite en amour est plus aisée parce que toutes les actions que l'on entreprend sont dynamisées par les élans de l'optimisme et, comme le dit D. Goleman[5] : « L'optimiste considère qu'un échec est toujours dû à quelque chose qui peut être modifié de sorte à réussir le coup suivant, tandis que les pessimistes se reprochent leur échec et l'attribuent à un trait de caractère non modifiable. »

5. *L'Intelligence émotionnelle.*

Dans nos relations amoureuses et amicales, tout au long de notre vie affective, nous devons régulièrement faire le choix entre écouter nos sensations, nos impressions, notre bon sens, nos intuitions, et la crainte de mettre en danger la sécurité d'une relation intime. Lorsque l'estime de soi est insuffisante, on est tenté de préserver coûte que coûte la relation, quelles que soient les souffrances endurées. On peut alors se sentir écartelé entre le besoin de préserver son bien-être et de rester soi-même, et celui de conserver la sécurité d'une relation stable.

Certes, on ne peut pas être totalement indépendant et se passer des autres, mais on ne sera pas trop dépendant si on a su construire une estime de soi suffisante. Cela commence par le respect de soi ; certaines choses ne doivent pas être acceptées – la violence en aucun cas. Lorsque l'on a appris à se faire confiance, on est prêt à rompre une relation si c'est nécessaire ou à exiger plus de considération de son partenaire. On ne mendie pas son amour.

Une relation amoureuse saine est une relation qui ne peut qu'améliorer l'estime de soi et non la démolir.

La maturité

Avec la maturité, on prend conscience du fait que, quand bien même l'amour existe entre deux personnes, chacune d'entre elles se doit de préserver son espace personnel. On peut aussi assumer un certain degré de solitude sans en ressentir de la souffrance. C'est chez les grands créateurs et les grands inventeurs qu'on observe le mieux cette capacité de se passer de l'opinion favorable des gens et d'assumer une certaine solitude. Lorsque Marconi, l'inventeur de la radio, raconta à ses amis qu'il essayait de construire un appareil pour communiquer à distance sans le support d'aucun fil, ils le prirent pour un fou. Heureusement, il persévéra dans ses recherches...

Lorsque l'on s'estime suffisamment, on s'affirme tranquillement sans agressivité et sans être sur la défensive. On a moins peur de déplaire. On se libère de l'obsession de chercher à dominer ou à se soumettre. Avec la certitude de sa propre valeur, l'on est prêt à adopter des attitudes généreuses et aimantes ; les relations s'enrichissent alors d'une estime et d'un respect mutuels.

Chapitre III

LA RENCONTRE AMOUREUSE

Les obstacles à la rencontre

Peut-être faites-vous partie de ces innombrables candidats à la rencontre amoureuse. Mais peut-être aussi êtes-vous parti sans carte ni boussole, condamné à naviguer sans repères, ou bien ignorant des obstacles à franchir... Si vous ne voulez pas rejoindre les naufragés de l'amour, et si vous êtes en quête d'une rencontre amoureuse vraiment épanouissante, il serait souhaitable de les connaître !

La dépendance

Certaines personnes ont besoin de s'accrocher coûte que coûte à leur romance sentimentale, quel qu'en soit le prix à payer, pour se masquer les problèmes de dépendance qu'elles ne veulent en aucun cas aborder. Elles ne se rendront disponibles pour une nouvelle rencontre épanouissante que lorsqu'elles cesseront de s'accrocher à une relation stérile.

■ *La dépendance affective d'une personne insuffisamment mature peut être illustrée par l'exemple de David : « Lorsque j'ai rencontré Anne, je suis tombé fou amoureux. Plus elle me négligeait, moins elle m'accordait de temps, et plus je la désirais. Avec ses exigences, elle me rendait la vie impossible. Il fallait toujours que tout soit parfait. Pour elle, j'avais mis ma vie entre parenthèses, obnubilé que j'étais par ces moments pathétiques que nous vivions ensemble. J'avais laissé tomber le sport et les copains. La rencontre charnelle était magique. Pendant tout le temps qu'a duré notre histoire, j'étais déchiré par la peur de la perdre et soumis à tous ses caprices... »*

Comme on dit, l'amour a ses raisons que la raison ne connaît pas. Mais, avec de tels principes, au nom de l'amour, on justifie les pires souffrances !

Le manque de disponibilité

Cela peut sembler évident, mais, pour faire une rencontre de qualité, il faut être vraiment prêt, disponible et ouvert à la rencontre. Beaucoup d'hommes et de femmes se croient disponibles sans l'être, parce qu'ils sont encore trop marqués par les chagrins d'amour et l'attachement à leurs amours passées.

Pour accueillir une personne dans sa vie, il faut avoir fait de la place pour elle !

■ *Après son divorce, Jean a mis longtemps à faire le deuil de sa relation passée. « Suite à cette séparation, je crois bien que j'ai longtemps été comme retranché derrière les murailles de mon indifférence. Quand je rencontrais une nouvelle femme, je pensais toujours à Sylvie. Et pourtant, quelques mois après notre divorce, j'avais fait la rencontre d'une fille épatante. Mais je suis resté sur ma réserve. Un an et demi plus tard, je me suis dit que le moment était venu de la contacter à nouveau. J'ai alors appris qu'elle s'était mariée et avait eu un bébé... »*

On peut rencontrer une personne avec qui il serait tout à fait possible de faire un peu de chemin, mais si l'on n'a pas tourné la page, et si l'on est encore empêtré dans des histoires anciennes, on est incapable de reconnaître et d'accueillir cette personne.

Pour réussir votre rencontre, faites table rase du passé ! Cependant, il vous faudra peut-être un peu de temps. Vous aurez à accomplir un travail de deuil pour ne plus comparer la personne que vous fréquentez avec celle qui autrefois s'est emparée de votre cœur !

Le manque d'estime de soi

Une insuffisante estime de soi est sans doute, comme nous l'avons déjà mentionné, l'un des principaux obstacles à la rencontre amoureuse. Avec un tel handicap, soit on évite totalement de rencontrer les personnes dont on craint le jugement et éventuellement le rejet, soit on ne communique pas assez parce qu'on a trop peur de se dévoiler.

■ *C'est une fois encore le cas de Jean : « Je craignais, en faisant preuve de trop d'intimité en communiquant davantage avec la personne que je rencontrais, qu'elle ne soit rebutée par ce qu'elle découvrirait chez moi. Je ne voulais pas que mes failles soient décelées... » Jean avait une mauvaise image de lui-même. C'est pourquoi il gardait ses distances, communiquait peu, et se montrait sans doute excessivement prudent dans ses rencontres.*

Pour réussir une rencontre, il faut être prêt à prendre des risques ! Hélas, bien des hommes et des femmes, dépourvus d'estime d'eux-mêmes, ne s'attendent pas du tout consciemment ou inconsciemment à être aimés ou simplement appréciés. Et comme ils pensent qu'ils vont être rejetés, ils le provoquent par leur comportement trop distant et trop peu chaleureux. La réalité vient alors s'accorder avec leurs croyances et renforcer leurs convictions...

Mais si, par ailleurs, on compte inconsciemment sur la rencontre pour guérir une estime de soi défaillante, la quête amoureuse devient la quête du Graal. On devient trop exigeant dans la recherche de marques d'attention et de preuves d'amour. On attend du partenaire bien plus qu'il ne peut en apporter.

Lorsque le but inconscient de la recherche amoureuse est de trouver quelqu'un qui nous aime enfin suffisamment pour pouvoir nous aimer nous-même, l'éventualité d'un échec est majeure.

Le malaise vis-à-vis de la sexualité

Nous ne sommes pas des anges, encore moins des angelots asexués. Et d'ailleurs, comme le disait Pascal : « Qui veut faire l'ange fait la bête. » Nous avons un cœur, mais aussi un corps animé par le désir. Comment donc faire une véritable rencontre amoureuse si l'on n'est pas à l'aise avec son corps, avec ses pulsions ? Comment faire si l'on n'accepte pas la réalité de son désir et du désir de l'autre ?

■ *Fabienne a longtemps eu du mal à vivre pleinement son corps. « Je me sentais menacée dès qu'un regard d'homme se posait sur moi. J'avais le sentiment d'être une proie ou bien d'être regardée comme une prostituée. J'avais honte et je me sentais humiliée par le désir d'un homme. C'est maintenant seule-*

ment, avec la thérapie, que j'accepte l'idée d'être attirante. J'ai compris que cela ne me prive pas de la liberté de choisir, de dire oui ou non! »

Fabienne avait subi des attouchements lorsqu'elle était enfant. Elle n'en avait jamais parlé à personne. Au cours des séances, les souvenirs sont revenus, et elle a pu se libérer de ce poids en extériorisant ses émotions : des pleurs d'abord, de la rage ensuite. Grâce au travail thérapeutique, elle a ensuite acquis suffisamment de confiance en elle pour se vivre non plus comme une enfant faible et impuissante mais comme une adulte en possession de tous ses moyens. C'est lorsque ses émotions douloureuses ont été déchargées que Fabienne a pu accepter de se réinvestir dans des pensées plus positives, et de ne plus se sentir menacée par le regard des hommes.

La fierté

La passion de soi-même, le narcissisme, est peu compatible avec la rencontre amoureuse : cela mène plutôt à la recherche du pouvoir et vient entretenir le goût d'une éphémère séduction.

■ *« Hier soir, avec ma cousine, se vante Christine, je suis allée en boîte et j'avais mis un pantalon moulant... J'étais très sexy, tous les hommes me regardaient. » Puis, elle ajoute avec une certaine jubilation : « J'en ai envoyé balader une dizaine! »*

La dépression

Lorsque l'on est déprimé, on n'a plus goût à rien. Fatigue, insomnie et lassitude empoisonnent la vie. Mais avant d'en arriver là, on peut souffrir d'une dépression larvée, c'est-à-dire d'une grosse déprime caractérisée par un manque d'énergie chronique qui rend pénible la moindre prise de décision. Toute action devient un fardeau lourd à porter. La vie sentimentale, bien entendu, en souffre. On se trouvera alors toujours de bonnes raisons pour ne prendre aucune des initiatives qui pourraient favoriser une rencontre. Ou bien les rencontres seront faites dans un tel climat de morosité qu'elles n'aboutiront à rien. Ou bien encore la liaison amoureuse sera maintenue coûte que coûte, pour masquer une dépression latente, même si le partenaire n'offre qu'une relation décevante et pénible.

Lorsque, avec la dépression, on se sent méprisable et peu digne d'intérêt, on ne peut imaginer mériter un meilleur partenaire que celui auquel on s'est attaché.

Sans être vraiment atteint d'une dépression franche et évidente, on peut souffrir d'une dépression masquée : de multiples problèmes de santé viennent alors témoigner d'un malaise existentiel profond qui n'ose pas dire son nom. La dépression peut encore se cacher sous des conduites compulsives de dépendance à l'alcool, au sexe ou à une drogue quelconque.

■ *Un exemple de dépendance au sexe est illustré par Bernard : « Alors que j'avais des difficultés dans ma vie professionnelle, j'étais en revanche très fier de pouvoir séduire toutes les femmes que je désirais. Mais en même temps, je les méprisais de mordre si facilement à l'hameçon. Il m'arrivait de faire l'amour cinq fois par jour, mais je n'étais jamais rassasié. J'avais développé une accoutumance au sexe comme à une drogue. Je ne supportais pas le manque. Et j'utilisais ma frénésie sexuelle comme un moyen de soulager mes angoisses. »*

En fait, Bernard ne supportait pas une série d'échecs répétés dans sa vie professionnelle. Il avait fini par ne plus se supporter lui-même. Sa passion du sexe l'aidait à oublier qu'il avait d'autres défis à relever pour lesquels il ne se sentait pas prêt...

D'autres personnes masquent leur dépression par une activité professionnelle excessive qui vient occulter un grand vide dans la vie privée. On peut se tuer à la tâche dans l'espoir d'être reconnu dans le seul domaine où l'on se sent compétent : le travail.

■ *Marie-Pierre, jeune magistrat célibataire, nouvellement affectée en province, se donnait à fond dans ses activités. Elle aurait pu sortir et prendre un peu de loisir, d'autant qu'une de ses amies, déjà installée depuis quelques années dans la même ville, proposait de lui présenter ses amis. Mais Marie-Pierre refusait toute invitation, ne voulait rencontrer personne et se consacrait uniquement à ses dossiers. Les hommes tombaient aisément sous son charme, mais comme elle se montrait facilement agressive, ils prenaient vite la fuite. Six ans plus tôt, à la suite d'une grosse déception sentimentale, elle avait décidé de faire une croix sur sa vie affective. Elle était tombée amoureuse d'un homme qui n'était pas libre. Depuis cette histoire, elle ne pensait plus qu'à sa carrière. Elle est devenue ce que les Anglo-Saxons appellent une* workalcoholic, *une droguée du travail. Et l'amour dans tout ça ? Il semble qu'à l'opposé de Bernard qui, n'ayant pas supporté une série d'échecs dans sa vie professionnelle, s'adonnait entièrement à ses passions amoureuses, Marie-Pierre, elle, après avoir subi une série de mésaventures dans sa vie sentimentale, et avoir particulièrement souffert de la toute dernière, essayait de réduire sa vie à sa carrière juridique, le seul domaine dans lequel elle réussissait. Elle essayait de combler la présence constante d'un vide affectif déprimant par un activisme outrancier. Elle a commencé à s'en sortir le jour où elle a « craqué » et où la maladie l'a obligée à faire une pause. Elle est allée consulter son médecin, puis un psychothérapeute. Dans le travail de thérapie qu'elle a entrepris, Marie-Pierre a dû retrouver les traces émotionnelles de son amour perdu pour arriver à surmonter la douleur et se détacher de son lien passé.*

Si, au lieu de mettre un couvercle sur ses souffrances, on choisit d'y faire face en s'en déchargeant dans le cabinet d'un thérapeute, on peut les dépasser et en surmonter les effets négatifs.

Ainsi, bon nombre de personnes estiment intolérable d'avoir à supporter la moindre inquiétude ou la moindre anxiété qui viendrait mettre en cause l'image idéale d'eux-mêmes qu'ils se croient obligés de présenter aux autres. Une manière de préserver cette image consiste à éviter de s'investir dans un domaine ou une activité dans lesquels ils se sentiraient en difficulté. Ces personnes, mal assurées dans leur for intérieur de leur valeur, cultivent les germes d'une future déprime...

D'autres sont si avides d'une reconnaissance qui viendrait restaurer une image dégradée d'elles-mêmes qu'elles ont développé une véritable obsession de l'amour (c'est le cas de Bernard). Elles sont dans la quête perpétuelle de ce qui pourrait les rassurer dans le sentiment de leur valeur. D'autres encore, comme cela avait été le cas de Marie-Pierre, tentent d'obtenir une reconnaissance ailleurs que dans les relations amoureuses. Mais on ne peut pas se passer longtemps d'amour!

Certains hommes et certaines femmes vont éviter au maximum les nouveaux contacts et les nouvelles rencontres, car leur objectif inavoué est de se protéger de toute déception en se retirant dans leur tour d'ivoire... L'enfermement solitaire devient un mécanisme de défense pour se protéger de la prise de conscience douloureuse d'un rejet éventuel imaginairement anticipé comme une catastrophe.

Il y a aussi ceux et celles qui acceptent la rencontre amoureuse et commencent d'entreprendre une relation, mais qui abandonnent au premier petit problème.

■ *« Toutes mes amies vivaient des relations et je me demandais toujours pourquoi moi je n'y arrivais pas, raconte Stéphanie. Maintenant, j'ai compris que c'est parce que je ne voulais pas vivre toutes les péripéties d'une relation. Je voulais arriver tout de suite au moment où l'on est bien. Dès que quelque chose n'allait pas, je préférais tout arrêter. Je m'isolais, je cessais de fréquenter la personne que j'avais rencontrée, et ensuite je me retrouvais déprimée d'être encore toute seule une fois de plus... » Stéphanie souffrait d'une angoisse de la solitude d'autant plus forte que, lorsqu'elle était enfant, l'amour avait cruellement été absent de sa vie. Et maintenant, elle avait tellement peur que cela recommence qu'elle prenait les devants en se réfugiant dans la fuite... Chez un adulte, une attitude très marquée de fuite et de retrait révèle souvent avec l'analyse l'image d'un enfant intérieur déprimé.*

D'autres personnes auront tendance à se faire exploiter et manipuler dans leurs relations sentimentales parce qu'elles tiennent trop à les conserver à tout prix, aux dépens de leur bien-être. Elles craignent d'être submergées par un trop grand malaise si la relation venait à cesser ou à se transformer.

■ « *Ma seule crainte en rencontrant un homme, confie Virginie, était qu'il ne m'aime pas vraiment ou qu'il cesse de m'aimer. Si bien que, lorsque j'ai rencontré Jacques, j'ai tout accepté de lui, même le pire... Je craignais par-dessus tout de ne plus le voir. Mais j'étais toujours malheureuse après l'avoir vu, et j'imaginais que cela finirait bientôt parce qu'il allait trouver une autre femme plus belle et plus intelligente. Il le savait, et il en jouait pour obtenir toujours plus de moi.* »

Savez-vous que, sans être atteint d'une véritable dépression clinique, on peut souffrir d'une déprime qui freine l'élan nécessaire à toute nouvelle et belle rencontre, ou qui entraîne à accepter des relations trop insatisfaisantes ?

En évitant d'assumer de ressentir les sentiments normaux d'anxiété ou de crainte qui vous atteignent lorsque vous êtes confronté aux défis de l'existence, vous vous anesthésiez mais vous prenez aussi le risque de vous couper de vos forces profondes... Lorsque l'on a de la fièvre, la solution n'est pas de jeter le thermomètre ! Ne vaut-il pas mieux traiter le problème ?

Déprimé ou pas ?

Notez de zéro à dix, selon que la proposition vous semble un peu ou totalement vraie (dix points).

– Ce que je vis est beaucoup trop éloigné de ce à quoi j'aspire.

– J'envie la réussite professionnelle des autres.

– J'envie la réussite amoureuse de mes amis ou de mes amies.

– Je n'ai pas osé me battre pour maintenir ma qualité de vie, et je ne m'en sens pas le courage.

– Sur le plan sentimental, je crains de m'ouvrir et d'être à nouveau blessé.

Si vous obtenez plus de trente-cinq points, il est temps de vous inquiéter. Peut-être avez-vous trop longtemps fait l'autruche en ne voulant pas vous confronter à vos problèmes personnels.

S'il y a trop de choses que l'on ne supporte plus dans sa vie, mieux vaut ne pas refouler la souffrance, la colère ou l'anxiété mais utiliser toutes ces forces vives comme un moteur de changement. Nier ses sentiments mène à la déprime.

En essayant d'étouffer, sous prétexte qu'ils ne sont pas toujours au beau fixe, vos émotions et vos sentiments par une drogue quelconque, vous réussissez pour quelque temps à éprouver moins de peine ou moins d'angoisse, mais vous entamez aussi vos forces vitales, vous vous amputez de vos désirs profonds, et vous prenez le risque de ne plus vivre dans la joie et l'enthousiasme.

Pour savoir où vous en êtes, posez-vous les trois questions suivantes :

1. Ne suis-je pas trop préoccupé par l'image que je donne aux autres, par le souci de faire bonne figure, de paraître « cool », au lieu de m'interroger sur mes émotions mes sentiments et mes besoins réels ?

2. Est-ce que j'aime vivre ce que je vis ?

3. Sinon, qu'est-ce que je fais pour que cela change ?

Pour guérir :

– Ne refoulez plus l'inquiétude et la colère lorsqu'une situation ne vous convient pas.

– Si besoin, exprimez-la dans le cabinet d'un thérapeute...

En effet, souvenez-vous : la rencontre tant espérée d'un partenaire amoureux peut vous apporter un soutien et guérir un peu la souffrance d'un cœur solitaire, mais elle ne peut pas effacer totalement les séquelles négatives des expériences passées et des traumatismes anciens. Dans bien des cas, une thérapie ou un travail sur soi de développement personnel peuvent s'avérer indispensables.

Peut-être souffrez-vous parce que vous n'avez pas rencontré le compagnon ou la compagne que vous espérez, mais peut-être ne rencontrez-vous pas la personne désirée parce que vous souffrez.

Les « mauvais numéros »

Pourquoi on les tire

Lorsque l'on écoute ceux et celles qui ont tiré des « mauvais numéros », on les entend dire, comme Christine : *« J'avais le sentiment de n'être pour lui qu'une proie à capturer. »*

Ou Marie-José : *« Il cherchait toujours à m'en imposer et, dans nos discussions, il avait toujours besoin d'avoir le dessus. »*

Ou encore Marie-Odile : *« Il me semblait n'être qu'une bouée de sauvetage lancée à un naufragé. »*

Ou Gérard : *« Elle cherchait un papa-gâteau. »*

Pascal : *« Elle était terriblement attachée à son doudou : une vieille poupée héritée de son enfance. Elle ne le quittait guère et le couvrait de baisers. Et je crois bien qu'elle prenait aussi les hommes pour des ours en peluches qu'elle trouvait mignons. »*

Certaines personnes se ressentent si terriblement incomplètes en dehors d'une relation quasi fusionnelle qu'elles tendent à s'accrocher à l'autre davantage comme à une solution à leur problème que comme à un partenaire.

Au lieu d'imputer à la malchance ou au hasard les « mauvaises rencontres » (celles qui nous font plus de mal que de bien), tentons d'identifier les pierres d'achoppement sur lesquelles on bute le plus souvent.

Trop de précipitation

■ *« Je me trouvais engagée avec des hommes beaucoup plus tôt que je ne le voulais, c'est clair, raconte Sabine. J'avais peur de les perdre si je disais non. » Sabine attendait trop une reconnaissance qu'elle n'avait pas reçue pendant son enfance et son adolescence ; pour elle, être choisie devenait donc si important, elle en avait tant besoin, qu'elle se précipitait trop vite dans une relation.*

Tomber sur des personnes immatures

C'est-à-dire des personnes qui recherchent, dans leurs amours, avant toute chose et presque exclusivement, une sécurité primordiale qu'elles n'ont jamais eue... Ce manque les pousse à être constamment à l'affût d'un partenaire qu'elles vont presque « dévorer ». De telles personnes, assoiffées d'amour, ne sont pas disposées à s'engager dans une relation de partage et de réciprocité. À vous de les éviter et de les fuir comme la peste !

... trop marquées par leur passé...

D'autres personnes, encore, ont été marquées par un passé si douloureux que leurs blessures les empêchent de s'ouvrir à de nouvelles rencontres. Ces hommes et ces femmes n'ont jamais fait le deuil de ce qui leur a manqué. Et celui qui les aime n'arrivera jamais à les combler par son amour.

■ *Jacques a rencontré Gaëlle dont il est tombé fou amoureux. Mais il ne pouvait jamais la rassurer, quoi qu'il fît pour lui témoigner de la profondeur de ses sentiments. « Peu importe ce que je faisais pour elle, je n'arrivais jamais à la satisfaire. J'avais fini par en éprouver un sentiment d'impuissance, une grande lassitude et une sensation d'épuisement. J'ai jeté l'éponge, je n'en pouvais plus. »*

Vous pouvez rencontrer des personnes qui, ayant vécu de multiples séparations mal comprises, mal digérées, en sont encore blessées. Sachez que certaines mettent des années à terminer une histoire d'amour et vivent longtemps avec les fantômes du passé. C'est pourquoi, lorsqu'elles se sentent bien dans une relation qui commence sous de bons auspices, elles paniquent et s'imaginent qu'une tragédie va mettre fin à leur bonheur.

... ou paniquées par l'engagement

Il en existe aussi d'autres qui ne sont pas spécialement marquées par un passé douloureux mais qui craignent de perdre leur autonomie dès qu'elles s'engagent dans une relation qui, pour elles, implique trop d'intimité affective avec leur partenaire. Ces personnes ne savent pas comment s'ouvrir à l'autre sans avoir le sentiment de perdre leur identité ou leur autonomie. Pour se préserver, elles restent alors fermées comme des huîtres.

■ *« Le plus souvent, j'avais besoin de tenir les hommes à distance, se souvient Clara. Je ne voulais pas trop laisser voir mon besoin d'affection. J'avais si peur d'être blessée. Chaque fois que l'un d'entre eux semblait vouloir s'engager davantage avec moi, je paniquais, je me demandais ce que j'allais devenir, et il me fallait trouver quelque excuse pour rompre. Au moins, c'était moi qui prenais l'initiative, je ne risquais pas d'être à la merci d'un autre, je préservais ma liberté. »*

Symptômes et mécanismes

L'un des symptômes les plus significatifs d'un manque de lucidité dans la quête amoureuse est la répétition de situations frustrantes identiques.

■ *« Chaque fois qu'un homme m'a plu, je suis tombée follement amoureuse, raconte Sabine. J'étais tellement heureuse que quelqu'un s'intéresse à moi. Mais c'était comme un feu de paille, ça ne durait pas, et après la rupture, j'étais en état de choc. »*

Voici les situations les plus fréquemment rencontrées :

1. Avec la peur de perdre l'amour de l'autre, on se précipite dans une histoire sans prendre le temps de la réflexion.

■ *Delphine est tombée amoureuse d'un homme gentil et attentionné, qui lui disait l'aimer, vouloir l'épouser et lui faire un enfant. Elle y a cru. Elle a tout quitté : son travail, sa ville, sa famille, ses amis. Tout le monde s'est réjoui pour elle. Mais voilà, le bonheur a été de courte durée. « Maintenant, après deux mois de vie commune, il ne me touche plus ou peut-être une fois par mois (il dit qu'il est fatigué, qu'il a mal au dos). Et le peu de fois où nous avons une relation, je dois le lui demander. Je suis malheureuse. Je n'ose le dire à personne, j'ai trop honte. Il y a quelque temps, je me suis aperçue qu'il surfe sur le Net sur des sites pornos plutôt hard, et quand je ne suis pas là, il se branche sur des "chats" de discussion. Aujourd'hui je me retrouve sans argent, dans une ville inconnue, sans amis, sans famille, sans espoir. »*

2. Si l'on pense que l'on fera changer son partenaire, on s'y raccroche comme à une chimère.

3. Avec l'idée que la rencontre tant espérée va suffire à panser les vieilles cicatrices d'un passé

douloureux, on demande trop à son partenaire, on lui donne peu et il finit par se lasser.

Les mécanismes qui conduisent à des impasses dans la relation amoureuse sont divers et variés et tiennent à l'histoire de chacun. Mais chaque fois, une courte analyse pourrait aider à démêler les fils qui ont tissé ces scénarios répétitifs.

Les écueils à éviter

Renoncer à la perfection !

L'un des premiers écueils, c'est de tomber dans le piège de la manie de la perfection : les personnes parfaites n'existent pas ! Il suffit de lire les petites annonces de rencontre pour s'apercevoir que certaines personnes ne sont pas loin de rechercher dans leurs fantasmes quelqu'un qui aurait à la fois le sex-appeal de Marilyn Monroe, le génie d'Einstein et la fortune d'Onassis. Avec un tel programme, on reste très longtemps dans l'indécision ; on se met aussi dans la position fort désagréable d'être toujours déçu, d'essuyer échec sur échec et de finir par s'en vouloir de poursuivre une telle quête perdue d'avance.

Nous sommes immergés dans une culture qui flatte un appétit d'achat permanent et nous engage à dénicher l'improbable trophée qui viendra flatter notre ego. Ainsi, beaucoup en viennent à ne recherchent que le partenaire idéal qu'ils seront fiers d'exhiber en société.

■ *« Je tombais souvent amoureux, et je passais à deux doigts de m'engager, raconte Bertrand. Mais bien vite arrivait le moment où je rêvais d'une autre femme qui serait absolument divine et qu'il ne fallait pas rater. »*

Déjà, le poète Verlaine écrivait :
« Je fais souvent ce rêve étrange et pénétrant
D'une femme inconnue, et que j'aime, et qui m'aime,
Et qui n'est, chaque fois, ni tout à fait la même
Ni tout à fait une autre, et m'aime et me comprend. »

Il y a bien peu de chances que vous rencontriez en route la personne rêvée, l'avatar moderne du Prince charmant ou de la princesse des contes de fées ! Comme le rappelle le sociologue Jean-Claude Kaufmann[1], le Prince charmant est un schéma archaïque de l'amour, qui imprègne encore nos sociétés. Ce modèle, solidement enraciné dans l'inconscient collectif féminin, génère chez les femmes une attitude excessivement passive d'attente du grand amour. Elles espèrent ainsi patiemment la rencontre de l'homme de leurs rêves.

1. *Les Femmes seules et le prince charmant,* Nathan, 1999.

Et pourtant, pourquoi une femme n'accorderait-elle pas, tout autant qu'un homme, ses désirs avec ses actes, en prenant l'initiative dans la rencontre ?

La figure du Prince charmant, apparue dans les contes de Grimm, est vieille de plus de trois siècles ; elle hante pourtant encore l'inconscient féminin sous sa version moderne : le mari grand et généreux, très viril sans être macho, qui participe à l'éducation des enfants et partage les tâches ménagères, tout en poursuivant une carrière qui lui assure une position sociale dont sa femme puisse être fière. Ce mari idéal peuple les romans-photos.

Pendant ce temps, les hommes rêvent d'une Wonderwoman dont l'éblouissante féminité attiserait leurs fantasmes, mais qui serait également pourvue de douceur, de générosité, et bien entendu de bonnes vertus ménagères !

Un autre écueil à la rencontre se trouve peut-être dans le désir, plus ou moins conscient, de rencontrer un être qui, sans être forcément extraordinaire, viendrait cependant nous combler parfaitement. Nous sommes alors sous l'emprise d'un mythe, celui d'Aristophane, relaté par Platon dans *Le Banquet*. Ce philosophe de l'Antiquité nous raconte que jadis la terre était peuplée d'androgynes, mi-hommes, mi-femmes. Ces êtres très vigoureux et audacieux tentèrent d'escalader l'Olympe, la demeure des dieux. Pour les punir, Zeus les coupa en deux : « Mais dès lors, chaque moitié rechercha sa moitié et quand elles se retrouvaient, elles s'étreignaient avec une telle ardeur de désir qu'elles se laissaient mourir dans cet embrasement de faim et d'inaction. » Ce mythe ancestral nous incite à nous considérer, chacun d'entre nous, comme un être incomplet à la recherche de sa moitié. Et nous voilà condamnés à vivre, en souffrant, l'aventure amoureuse comme une longue errance à la recherche de cette moitié qui nous fait défaut.

Vous pouvez abandonner, dans votre quête de rencontres, le désir infantile de perfection et la recherche d'un partenaire trop parfait. Vous pouvez aussi abandonner l'idée de rencontrer un être qui vous comblerait parfaitement. Car il n'y a là qu'un obstacle qui vous empêchera de commencer à vous investir dans une nouvelle relation. Dans vos projets sentimentaux, évitez de dresser une liste trop rigide des qualités que doit posséder une personne pour que vous vous intéressiez à elle ! Vous pouvez cependant faire la liste des qualités et des caractéristiques que vous jugez essentielles voire indispensables chez un partenaire éventuel.

Un rêve trop irréaliste peut empêcher la rencontre. On ne voit plus alors les êtres réels autour de soi. Ou encore, certaines personnes, ayant tellement souffert de manque d'amour, désirent si ardemment trouver une issue « sérieuse » à toute entreprise sentimentale qu'elles se présentent à la rencontre dans un climat dramatique d'appréhension qui fait fuir tout le monde... Il est bien normal d'aspirer à faire la rencontre la plus épanouissante possible sur le plan affectif, mais toute relation comprend toujours une part de risque d'être incompris, rejeté ou blessé !

Sept mauvaises raisons d'entrer en relation

1. La pression des événements et la facilité...

■ *Marie-Jeanne travaille pour une organisation humanitaire internationale. Ses collègues sont principalement masculins. Elle est très souvent courtisée et sort régulièrement avec l'un ou l'autre d'entre eux. Hélas, elle est souvent déçue, mais rencontrer des hommes dans d'autres circonstances lui paraît trop compliqué, aussi préfère-t-elle s'en abstenir.*

2. La crainte de la solitude...

■ *Anne-Sophie, divorcée depuis peu, panique à l'idée de se retrouver seule le week-end. Pour briser un peu ses moments de solitude, elle se jette dans les bras de Gérard, un homme peu attentionné qu'elle n'aime pas.*

3. Sortir avec quelqu'un pour essayer de remplir un vide affectif...

■ *Charles, jeune professeur, vient d'être muté en province dans une ville où il ne connaît personne. Au collège, une collègue l'a remarqué ; il s'est rendu compte qu'il lui plaisait, lui n'est pas très attiré par elle... Mais, après tout, pourquoi pas ? (se dit-il.)*

4. Essayer de trouver sa « part manquante » : celui ou celle qui va vous compléter (au lieu d'essayer de se réaliser soi-même le plus possible dans tout son potentiel).

■ *Cécile est une jeune femme réservée et timide. Elle choisit de toujours sortir avec des hommes beaucoup plus expansifs, et beaucoup plus sociables qu'elle, pour éviter d'avoir à surmonter ses difficultés.*

Remarque : le fait d'être entier nous fait rencontrer quelqu'un d'entier, alors qu'une personnalité incomplète, voire malade, rencontre une personnalité incomplète voire malade. Ou bien, l'on rencontre quelqu'un de plus à l'aise que soi et l'on s'appuie sur cette personne comme sur une béquille, au risque de ne pas faire le travail nécessaire pour développer ses potentialités, et de se retrouver encore plus perdu, démuni et abattu le jour où la relation cesse. Cécile pourrait aisément surmonter son handicap et devenir plus à l'aise dans ses contacts avec les autres, en participant à des stages de formation à la prise de parole en public, ou bien en s'inscrivant à un bon cours de théâtre pour amateurs !

5. Satisfaire le désir de l'autre pour éviter d'avoir à s'exprimer.

■ *Anne-Sophie dit : « Il avait tellement envie de sortir avec moi... »*

6. Prendre l'autre pour un sauveur parce qu'il prend soin de vous et que vous ne vous faites pas assez confiance pour imaginer que d'autres aussi le pourraient.

■ *Charles et Anne-Sophie se sont imaginé pouvoir se libérer un peu de leur malaise par le biais d'une rencontre, même si le cœur n'y était pas...*

7. Essayer de sauver l'autre malgré lui.

Vous êtes dans la dépendance si vous essayez de le sauver, d'être son psychothérapeute ou sa maman. (Vous ne lui rendez pas service, il ne consultera pas puisqu'il se décharge sur vous... et vous vous épuiserez ! Quel bénéfice en tirez-vous ?)

D'autres écueils à éviter

1. Le piège de la comparaison.

Souvent, lorsqu'on est encore trop attaché à ses « ex », on ne vit la rencontre présente qu'avec les fantômes du passé.

2. Le besoin de trouver un confident à ses malheurs.

Si vous essayez inconsciemment de vous rendre important par vos douleurs, vous allez parler beaucoup trop de vos problèmes au risque de lasser la personne rencontrée. Peut-être avez-vous lancé le SOS : « Recherche amour désespérément », mais il n'y a pas d'abonné à ce numéro d'urgence ! Une envie désespérée fera fuir tout le monde.

Solution : Essayez plutôt de parler à l'élu de votre cœur de ce qui vous réjouit dans l'existence et réservez l'exposé détaillé de vos tracas à votre psy ! Les personnes intéressantes à rencontrer ne vont pas vers un partenaire bourré de problèmes non résolus.

3. L'inquiétude anticipative.

Un peu trop vite, on tire des plans sur la comète. Est-ce un amant ou un conjoint potentiel ? Est-ce le bon ? On s'angoisse parce qu'on ne veut pas commettre d'erreur. La rencontre devient une opération risquée. Certes, toute nouvelle rencontre déclenchant le désir entraîne aussi l'appréhension.

On éprouve alors des sentiments mêlés de crainte et d'attraction. On ne s'aventure qu'avec prudence dans l'échange. Mais il faut oser la rencontre ! Avec elle s'ouvrent une infinité de possibles. Laissez donc la vie vous étonner !

4. La difficulté à créer un espace d'intimité affective.

Créer un espace de rencontre et de partage suppose d'être capable de se mettre parfois dans la peau de l'autre, sans pour autant se confondre avec lui. C'est aussi la capacité de recevoir l'autre sur ses terres intimes sans se sentir envahi. S'il vous est trop difficile de créer un espace d'intimité affective, vous pouvez vous poser la question : « Ai-je été abandonné aux termes d'une relation amoureuse qui était très importante pour moi au point d'avoir été tellement blessé que je ne veuille pas prendre le risque à nouveau ? »

5. L'illusion érotique.

Lorsque la rencontre se fait sous le signe de l'érotisme, l'éblouissement est maximal, mais il faut bien un jour aborder une nouvelle étape : qu'est-ce que l'on va faire ensemble ?

L'étreinte charnelle aussi flamboyante soit-elle ne suffit pas à créer une relation durable. Imaginer que la réussite d'un couple dépend uniquement de la réussite sexuelle est une erreur qui peut entraîner d'amères désillusions. C'est sous-estimer l'importance des projets communs et la nécessité d'établir une harmonie dans la vie de tous les jours.

■ *« On s'est rencontrés, se souvient Sylvie. On s'est trouvés. On s'est jetés dans les bras l'un de l'autre. L'appel des corps a été irrésistible. On est tellement bien ensemble. »*

La timidité

Selon Christophe André[2], la timidité, que l'on appelle volontiers aujourd'hui phobie sociale, serait des plus courantes : « La peur d'être dévisagé et de prendre la parole en public touche 55 % de la population, et on estime qu'une personne sur trois choisit tout bonnement de renoncer à s'exprimer devant un groupe. »

La timidité se présente souvent sous la forme d'une gêne et d'une appréhension qui s'avoue difficilement. Mais ne dramatisons pas, il est parfaitement normal de se sentir intimidé dans une situation inaccoutumée ! La timidité ne pose problème que lorsqu'elle est gravement invalidante et s'accompagne de manifestations émotionnelles aiguës (vertiges, tachycardie, tremblements). C'est cependant bien évidemment un obstacle majeur à la rencontre.

2. *L'Estime de soi*, Odile Jacob, 2001.

La rencontre, au lieu d'être une belle aventure, devient pour le timide une épreuve redoutable car il s'imagine sans cesse que les autres vont le jauger ou le critiquer. L'erreur du timide, c'est de chercher toujours à évaluer ce qu'il fait ou ce qu'il dit...

■ *Jean a longtemps souffert de timidité dans ses rapports avec les femmes. « Je réfléchissais beaucoup trop et j'avais du mal à passer à l'acte. La plupart du temps, je me trouvais de bonnes raisons pour éviter d'entrer en contact avec la personne qui m'intéressait. J'étais terriblement préoccupé de l'image que je pouvais donner de moi-même. »*

Pour surmonter sa timidité et rencontrer quelqu'un, il ne faut pas se juger, ni s'évaluer !

Il faut être curieux de découvrir la personne qui vous attire, plutôt que préoccupé de l'effet que vous pouvez faire sur elle. Enfin, un conseil : essayez de prendre contact avec la personne dont vous souhaitez faire connaissance, quelles que soient les circonstances ! En effet, le démon de la timidité vous soufflera de ne faire que des rencontres « naturelles ». Mais quand donc une rencontre est-elle « naturelle » ? À tout moment ! Le gentil Éros est toujours prêt à décocher l'une de ses flèches pour vous. Il est donc inutile de se raconter que ce n'est pas le bon moment ou la bonne situation.

Certes, vous pouvez décider d'entrer en contact, mais vous ne pouvez décider de garder la toute-puissance sur le contrôle de vos émotions. Aussi est-il naturel d'être parfois troublé, mais peu importe l'émotion, c'est l'action qui compte ! La timidité devient une mauvaise habitude qui se renforce si on n'agit pas. Dites-vous que c'est toujours le bon moment et le bon endroit pour vous mettre en avant et faire une rencontre.

Le secret de la réussite est de faire ce que l'on désire passionnément sans se préoccuper de la peur qui l'accompagne.

■ *« J'ai longtemps été trop préoccupé de l'impression que je pouvais faire, raconte Jean, mais en décidant de faire ce que j'avais envie vraiment, j'en suis venu au point où j'osais aborder presque toutes les femmes. »*

Tomber amoureux et être vraiment disponible

Si vous voulez tomber amoureux, il vous faut renoncer au leurre des rencontres imaginaires. Donc un peu moins de « chats » sur Internet, un peu moins de cinéma intérieur et un peu plus de face-à-face avec des êtres de chair et de sang.

N'attendez pas d'être prêt. N'attendez pas demain pour être invité au banquet de l'amour !

Et lorsque vous faites la connaissance d'une nouvelle personne, il vous faut vous rendre disponible à l'ouverture et cesser de trop vous protéger en vous blindant derrière une armure d'insensibilité.

■ *« Auparavant je réfléchissais trop et ça devenait une maladie..., se souvient Jean. En ne faisant pas le premier pas, je me protégeais très sûrement de l'anxiété. Je me croyais supérieur, mais je perdais mon temps, je restais seul, et peu à peu je me construisais une belle déprime. »*

Être apprécié

Pour être apprécié, il faut avoir quelque chose à apporter aux autres. Votre quête de l'âme sœur ne doit donc pas vous faire oublier de développer un grand nombre d'autres centres d'intérêts pour avoir quelque chose à partager. Vous serez apprécié parce que vous faites bénéficier les autres de votre bonne humeur ou de vos enthousiasmes pour les activités que vous entreprenez.

Quand Jean a compris que ce qui l'intéressait pouvait intéresser les autres, il a pu parler de ses hobbies et se faire des amis. Comme il aimait passionnément le cinéma, il s'est mis à fréquenter un club de cinéphiles avec qui partager sa passion.

Faire des rencontres épanouissantes

Pendant des siècles, le cercle des rencontres fut limité au village et à la ville la plus proche. Et pendant des décennies, l'espace privilégié pour la formation des couples fut le bal (et sa version moderne : la boîte de nuit). Le choix du partenaire était déterminé par des contraintes à la fois sociales et géographiques.

De nos jours, bien des cœurs solitaires espèrent une belle rencontre amoureuse. Mais il y a encore tant de préjugés sur les conditions d'espace et de temps qui doivent présider à la rencontre que beaucoup se sont rencontrés sans le savoir et se cherchent sans se voir. On est tellement frileux que l'on réduit excessivement son espace, son champ de rencontre.

Tous les sociologues ont remarqué que des critères trop rigides d'âge et de milieu social conduisent tout droit à des mariages aussi arrangés qu'ils l'étaient autrefois par les parents. Et pourtant, le véritable amour fait fi des différences d'âge, de milieu, de culture ou même d'une infirmité.

Pour ouvrir le champ des possibles et l'éventail des rencontres, il faut prendre des risques, ce qui n'exclut en rien la rationalité du choix. Il faut saisir toutes les opportunités, toutes les occasions. Et surtout abandonner toute idée de modèle idéal de la rencontre amoureuse...

Enfin, il convient de s'intéresser sincèrement aux autres, sur un plan amical d'abord (et plus si affinités !), pour donner ainsi sa chance à Cupidon. Rappelons les propos de Dale Carnegie[3] : « Vous vous ferez plus d'amis en deux mois en vous intéressant sincèrement aux autres que vous ne pourriez en acquérir en deux ans en vous efforçant d'amener les autres à s'intéresser à vous. »

Se décider

La meilleure manière de choisir et de se décider pour donner suite à une rencontre et la poursuivre est de bien savoir qui l'on est, et ce que l'on veut. Mais il vaut mieux ne pas se perdre trop longtemps dans la réflexion, et surtout se donner le droit à l'erreur.

Prenons le risque de l'échange, du partage et de la rencontre, et souvenons-nous que, désormais, on peut aussi se donner le droit à l'erreur. Autrefois, on se trouvait vite enchaîné pour une vie entière, mais aujourd'hui non !

Considérez que cette rencontre que vous faites aujourd'hui est là pour vous apporter quelque chose de positif. Est-ce le début d'une belle histoire d'amour ? Comme le disait Ralph Waldo Emerson : « Les personnes destinées à se rencontrer le feront, apparemment par hasard, précisément au bon moment. »

3. *Comment se faire des amis.*

Il peut arriver, lorsqu'une histoire commence, que l'on soit amoureux « à la folie ». C'est l'obsession amoureuse décrite par Sabine : « *Je ne pouvais me le sortir de la tête et il me semblait le voir partout, même lorsque je fermais les yeux.* » Mais bien souvent, on tombe amoureux non pas parce qu'on a rencontré la bonne personne, mais parce qu'on a besoin de tomber amoureux à ce moment-là ! Rien n'oblige cependant à s'abandonner complètement soi-même. Vous aimez ressentir l'énergie et l'exaltation que vous procure l'état amoureux, c'est une forme d'ivresse... Mais peut-être est-ce aussi le moment de reprendre en main certains projets longtemps chéris et trop vite abandonnés. Si votre partenaire est prêt à vous apporter son soutien, c'est bon signe. Mais lui aussi a besoin de vous pour soutenir les siens !

Chapitre IV

LA RÉUSSITE EN AMOUR

Ne rejouons pas les conflits du passé

À la suite d'une série d'échecs, d'amours qui ont fait mal, il est temps de se poser des questions. De reprendre confiance afin de ne pas envisager chaque nouvelle rencontre amoureuse comme un nouveau risque d'erreur et de souffrance.

On constate bien souvent de remarquables similitudes entre les problèmes d'un couple et ceux des parents de ce couple. Les situations se répètent d'une génération à l'autre. Ainsi, des filles de père alcoolique ne peuvent-elles trop souvent s'attacher qu'à des hommes alcooliques. Elles ont vu souffrir leur mère et ont elles-mêmes souffert lourdement de la situation. Néanmoins, des années plus tard, elles reproduisent ce modèle qui les a marquées. Peut-être parce qu'inconsciemment, elles n'arrivent pas à en concevoir d'autre ; elles s'imaginent qu'avec beaucoup d'amour, elles finiront bien par réussir là où leur mère a échoué.

Certaines femmes ne peuvent choisir qu'un homme violent, comme l'était leur père, et rejouent ainsi une nouvelle fois la tragédie familiale. D'autres, en épousant au contraire un homme plutôt faible et falot, répètent un autre type de scénario.

■ *Les parents de Véronique formaient un couple en guerre permanente. Des années plus tard, elle s'est retrouvée en conflit perpétuel avec son conjoint, Jean-Paul. Dans sa vie de couple, Véronique s'était mise dans la peau de sa mère et avait reproduit inconsciemment le modèle familial. Elle en avait fait la réplique exacte en houspillant sans cesse son conjoint et en le harcelant pour des broutilles comme sa mère le faisait... Au cours de sa thérapie, elle a réalisé que, pour conserver à tout prix l'amour de sa mère, elle a pris, enfant, systématiquement son parti, rejetant tous les torts sur son père et l'accusant de tous les maux : « En choisissant un homme qui ne me convenait pas vraiment et avec lequel toute entente était clairement impossible, et les disputes incessantes, j'obéissais au vœu secret de ma mère qui souhaitait que je ne sois pas plus heureuse dans mon mariage qu'elle ne l'avait été dans le sien! Si j'avais été heureuse, elle se serait sentie trahie et humiliée et m'aurait rejetée à coup sûr. Mais je ne pouvais vivre sans l'amour de ma mère! »*

La mère de Véronique est une écorchée vive qui avait souffert de la haine que lui portait son propre père, le grand-père de Véronique. Aussi cette dernière a-t-elle décidé un jour qu'aucun homme ne serait assez fort pour la blesser comme son grand-père avait meurtri sa mère. Et c'est ainsi que Véronique s'est choisi un homme qui, non seulement ne serait pas dangereux, mais encore serait suffisamment faible pour être dominé et humilié...

Cette histoire nous prouve qu'aussi extraordinaire que cela paraisse, certaines personnes ont besoin d'un conjoint, non pas pour l'aimer, mais pour le haïr!

Lorsque toute la haine accumulée dans l'enfance n'a pas été désamorcée, un schéma névrotique peut se mettre en place, dans lequel on essaie de régler des comptes avec le passé. Fritz Perls, l'inventeur de la Gestalt Therapy, emploie l'expression d'*unfinished business* pour désigner ces affaires non réglées, et dans lesquelles on reproduit inlassablement une situation.

Selon Fritz Perls, lorsque suite à d'intenses frustrations, nous portons au fond de nous trop de rancœurs et de ressentiments, trop de colère refoulée, nous sommes chargés de ces *unfinished business* ou *gestalt inachevées* qui viennent entraver la libre expression de nous-même, et qui nous empêchent de répondre de manière adaptée aux défis de l'existence.

Lorsqu'on a été plus ou moins carencé d'un amour sain et équilibré de la part de ses parents, il faut s'attendre à ce qu'un profond désir de jouir de cet amour et d'obtenir cette affection non reçue vienne perturber d'une manière ou d'une autre nos relations amoureuses. Véronique aurait agi différemment si elle avait vu sa mère refuser de se maintenir dans une situation qui la rendait si malheureuse, et si sa mère, en étant plus heureuse et plus épanouie dans son couple, avait pu se rendre plus disponible pour sa fille.

■ *« Malgré moi, je multipliais les rencontres, raconte Elsa, et pourtant je veux une famille et des enfants. Je prenais le sexe comme une drogue, mais j'étais déçue très rapidement. Aussi étais-je en proie à de violentes crises d'angoisse. Je me suis souvenue que ma grand-mère n'avait jamais aimé mon grand-père et que ma mère n'aimait pas mon père non plus. J'ai réalisé que le nœud du problème, c'est qu'elles n'acceptaient ni les défauts des autres, ni les leurs. Et que je suivais leur modèle. Le groupe m'a beaucoup aidée. Quand j'ai compris qu'on s'acceptait toutes, les unes les autres, ça a été un choc... J'ai décidé de changer d'attitude, de mieux m'accepter et de mieux accepter les autres. Nous ne sommes pas parfaits. »*

■ *À entendre Roger, on croirait qu'il ne peut rencontrer que des femmes qui le maltraitent. Mais un hasard qui se répète trop souvent n'est plus un hasard...*

Roger a été élevé par une mère célibataire qui n'a jamais supporté sa situation et qui exigeait toujours trop de lui. Pour ses résultats scolaires par exemple. Et aujourd'hui, il semble bien que Roger ne puisse rencontrer que des femmes qui correspondent à son fantasme d'une mère jamais satisfaite et revendicative. Aussi est-il victime d'une véritable compulsion de répétition, qui le pousse à fréquenter constamment ce genre de femmes.

Les mécanismes compulsifs

Une compulsion est une habitude de comportement qu'on ne peut réfréner. Il y en a d'évidentes, comme l'habitude de fumer cigarette sur cigarette, de trop boire ou de trop manger. Mais beaucoup d'activités tout à fait normales peuvent aussi devenir compulsives : on se met à étudier trop, à réfléchir trop, à regarder la télé pendant des heures, à lire des heures durant ou à travailler au-delà de ce qui est nécessaire... Mais quand donc est-ce trop ?

Peut-être lorsque cela n'apporte aucune satisfaction profonde et ne sert qu'à masquer, à camoufler de vrais besoins et de vrais désirs. Avec la compulsion de répétition, on répète des situations, voire même des comportements ou des pensées qu'on ne peut pas s'empêcher de reproduire, malgré le malaise qui les accompagne. Sigmund Freud a bien décrit ce phénomène.

On constate, dans la vie amoureuse de nombre de personnes, que la compulsion peut les amener à répéter constamment des situations douloureuses, malgré leur désir de trouver une relation satisfaisante. Ces personnes, par exemple, tombent régulièrement amoureuses d'un partenaire non libre et engagé ailleurs. Elles penseront généralement être victimes de la malchance ; mais une analyse approfondie pourra mettre en lumière qu'elles ont fait le choix d'un tel partenaire parce qu'elles ne sont pas vraiment prêtes à s'engager.

Nous sommes souvent contraints par la compulsion à répéter des actes et des comportements qu'une programmation inconsciente a installés à nos dépens.

Les compulsions sont nombreuses et variées. Par exemple :

– Si vous cherchez à vous occuper pendant des heures avec une activité qui ne vous intéresse pas vraiment... C'est une compulsion !

– Si vous cherchez toujours à plaire plutôt que

de vous affirmer dans vos goûts, vos opinions, vos envies, vos préférences... C'est une compulsion !

– Si vous vous sentez toujours coupable lorsque vous êtes en conflit avec votre conjoint... C'est une compulsion !

Bien souvent, un certain nombre d'interprétations erronées plus ou moins conscientes viennent alimenter les compulsions.

■ *Maryse s'imaginait qu'accepter de dîner avec un homme, c'était forcément tout accepter... Elle refusait donc systématiquement ce genre de proposition, car elle était trop anxieuse de ce que cela signifiait pour elle.*

■ *Sylvie imaginait, comme sa mère le lui avait appris, que si elle montrait, la première, de l'intérêt pour un homme, elle le ferait fuir. En conséquence, elle ne pouvait s'empêcher de se montrer toujours excessivement réservée.*

Les tendances compulsives sont nombreuses et variées !

Être trop dominant ou trop soumis

Les femmes dépendantes se retrouvent prises au piège du désir de leur partenaire, tout en étant coupées de leur propre désir. Elles ressemblent à des plantes sans racines, alimentées artificiellement, et qui, pour survivre, doivent poursuivre la relation avec celui qui les nourrit. Il faut souvent beaucoup de volonté et de courage pour sortir de cette situation.

■ *Clara est une femme soumise. Quand son compagnon lui déclare qu'il a besoin de se retrouver seul de temps à autre, elle le comprend... peut-être un peu trop ! Car il sort de plus en plus souvent sans elle. Clara reste souvent seule à la maison à attendre un improbable coup de téléphone qui ne vient pas. Quand il a été question pour elle et son compagnon de déménager et de trouver un autre appartement, c'est lui et lui seul qui a décidé où ils iraient habiter. Et lui encore qui a décidé pour elle quelles copines elle devait cesser de fréquenter...*

Le désir d'avoir de l'autorité sur son partenaire, le besoin d'exercer sur lui un contrôle en se prétendant responsable de la manière dont il est censé se conduire va à l'encontre de l'amour. Lorsque l'un des deux partenaires a une nature trop dominante, la relation amoureuse est en danger. Le partenaire dominant est tenté d'annexer l'autre, et de le placer sous son emprise. La personne trop soumise, elle, croit sauver son couple en acceptant l'inacceptable. Et si les deux partenaires sont de nature dominante, ils vont au-devant d'énormes conflits...

■ *Charlotte et Pierre-Marie se sont connus sur les bancs de l'université. Ils étaient du même milieu social, avaient le même âge et partageaient les mêmes goûts. Coup de foudre à leur première rencontre. Entre eux est née une passion dévorante, à la fois physique et intellectuelle. Tous deux adoraient la peinture, la littérature, le ski, les voyages. Tout le monde, leurs parents et amis, s'accordait à dire qu'ils étaient faits l'un pour l'autre. Mais leur caractère excessivement autoritaire à tous les deux a très rapidement rendu impossible leur vie de couple. Chacun voulait imposer à l'autre ses envies, et les disputes devinrent de plus en plus fréquentes. Chacun espérait devenir le leader du couple et soumettre l'autre... Ils ont fini par se séparer.*

L'enjeu d'une relation amoureuse n'est pourtant pas de gagner l'un contre l'autre ! Il ne s'agit pas de remporter une compétition ! Simplement de connaître et faire respecter ses limites. Quand le respect de soi est gravement menacé dans la relation, il devient urgent de l'imposer plutôt que de se soumettre pour maintenir coûte que coûte la relation.

Le besoin compulsif de sauver l'autre

« Il aime les autres, car il ne s'aime pas lui-même. Et dès qu'il aime, il donne. Il donne son temps ses efforts et son argent... Il dit : “Seul le plaisir des autres compte. Le mien n'a pas de valeur. Souvent mon plaisir m'angoisse et me culpabilise[1]." »

Là encore, tout remonte à l'enfance. Certains enfants doivent assurer le rôle de gardien de la protection et de la sécurité d'un parent, alors que ce serait à eux de recevoir cette protection ! Une telle inversion des rôles, très perturbante, est particulièrement pathogène et les effets s'en font grandement ressentir à l'âge adulte. L'enfant ayant grandi devient une personne gravement dépendante qui se tient pour responsable du bonheur de son partenaire et s'y consacre de toutes ses forces, mais qui néglige totalement de s'occuper du sien propre.

■ *Aline s'est mariée avec un homme alcoolique et violent, comme l'était son père… Elle est malheureuse depuis de nombreuses années, comme l'était sa mère. Et parfois son mari la bat. Pourquoi reste-t-elle avec cet homme ? Après quelques entretiens et avec l'aide de son thérapeute, elle a pris conscience qu'au travers de sa relation de couple, elle tentait de résoudre une histoire ancienne en se donnant inconsciemment le contrat de guérir son père malade et la mission de sauver sa mère… Elle se souvient : « C'était ma petite maman adorée, je voyais bien comme elle était sensible et je ne voulais pas la*

1. *Sous le signe du lien.*

voir triste. » Et elle ajoute : « J'avais six ans et je lui ai dit : "Tu as de la peine et je vais te consoler." » Adolescente, elle ne sortait jamais avec les jeunes filles de son âge et prenait toujours ses vacances seule avec sa mère.

■ *« Si je ne trouve pas quelqu'un à soulager je suis nulle, pensait Nadine. Mes parents ne s'entendaient pas, ma mère en souffrait énormément. J'étais témoin de leurs querelles régulières. Mon père la harcelait pour des broutilles, et je crois bien que j'ai absorbé comme par osmose les souffrances de ma mère qui était le souffre-douleur de mon père. J'aurais tellement voulu la soulager. C'est peut-être pourquoi j'ai toujours recherché des partenaires perturbés pour les libérer de leur souffrance. » Nadine n'était donc pas suffisamment détachée de sa mère pour être disponible à sa propre histoire, pour faire sa vie à elle. Le fait qu'elle choisisse régulièrement le même type de partenaire montre bien à quel point les patterns de comportement inconsciemment acquis dans l'enfance peuvent être profondément ancrés.*

Si votre relation amoureuse repose dans une bien trop large part sur le besoin d'aider et de soutenir un partenaire excessivement perturbé, dont vous avez épousé le pire bien plus que le meilleur, demandez-vous :

– Suis-je en train d'essayer de régler un problème d'enfance ?

– Est-ce que j'espère inconsciemment que la personne la plus importante pour moi finira bien par m'aimer, après tout ce que j'ai fait pour elle ?

– Est-ce que l'on m'a tellement appris à me sacrifier que je me sens coupable chaque fois que je ne fais pas suffisamment d'efforts dans ce sens... ?

Demandez-vous encore :

– Est-ce que je me sens responsable du bonheur de mon partenaire au point d'en oublier le mien ?

– N'est-ce pas une manière de tenter d'être suffisamment important pour mériter d'être aimé ?

– Peut-être suis-je persuadé que je ne peux pas être aimé si je ne sacrifie pas mes besoins personnels au profit de ceux de mon partenaire ?

– Est-ce que je poursuis, bien malgré moi, le modèle de couple que me présentaient mes parents ?

– Et si ce désir de guérir à tout prix mon partenaire n'était qu'une manière de ne pas me confronter à mes difficultés personnelles ?

Les thérapeutes américains ont appelé cela la co-dépendance. On peut choisir de vivre avec un conjoint à problèmes, alcoolique, toxicomane ou violent, afin de s'occuper de quelqu'un qui va plus mal que soi pour mieux dénier ses propres problèmes. On se donne ainsi un statut de sauveur. Le prix à payer n'est-il pas trop fort ?

Pour guérir et sortir de l'impasse, ne soyez pas un forçat de l'amour, ni une martyre de première classe !

■ *« Bien sûr je souffrais, et ce que j'endurais était difficilement tolérable, avoue Marie-Anne, mais peut-être avais-je besoin de me sentir supérieure en étant la parfaite épouse qui veut le bien de son mari. »*

Lorsque la situation est insupportable et que vous portez le fardeau des délires de votre conjoint, ne vous imaginez pas que votre amour va le faire changer... Souvenez-vous ce qu'André Gide disait : « Ne peut rien pour le bonheur d'autrui celui qui ne sait être heureux par lui-même. » Et soyez assuré qu'aussi douloureux que cela soit à admettre, et peu importe combien vous pouvez aimer une autre personne, vous ne pouvez la guérir malgré elle ! Car en dépit de toute la sincérité de vos sentiments, vous n'êtes pas la personne la mieux placée pour l'aider ! Si votre partenaire a l'impression de trouver quelqu'un qui renonce à être traité correctement, il cessera de vous respecter.

Vous serez guéri le jour où vous refuserez que

l'on abuse de votre amour. Et lorsque votre partenaire vous fait souffrir inutilement, souvenez-vous que c'est par ce besoin que vous avez de vous faire reconnaître dans tous vos efforts qu'il vous tient ! Robin Norwood[2] conseille, pour aider efficacement son partenaire, d'admettre d'abord son impuissance à le changer. Acceptez donc clairement vos limites !

Des femmes maltraitées et battues vont jusqu'à s'imaginer qu'avec encore un peu plus d'amour, elles réussiront à guérir leur compagnon. Mais certaines personnes ne veulent absolument pas changer. Et comme le dit le dicton populaire : « On ne fait pas boire un âne qui n'a pas soif. » Avec les meilleures intentions du monde, on ne peut pas rendre l'autre heureux malgré lui. Aussi faut-il faire le deuil d'un fantasme de toute-puissance.

On peut cesser de s'illusionner avec l'utopie d'un amour tout-puissant. Et peut-être est-il possible aussi d'arrêter de se prétendre toujours désintéressé.

Si vous êtes dans cette situation de vouloir sauver votre partenaire coûte que coûte, peut-être est-il temps de vous occuper de votre propre besoin d'être aimé...

Citons encore Robin Norwood : « Ayant appris

2. *Ces femmes qui aiment trop.*

très tôt à nier nos propres besoins affectifs, nous avions, avec l'âge, cherché d'autres occasions de nous livrer à ce en quoi nous excellions : la satisfaction des besoins et des exigences d'autrui et l'ignorance de nos peurs, de nos souffrances et de nos besoins. Nous avons fait semblant si longtemps d'être adultes, à trop en faire et à demander trop peu, qu'il est désormais trop tard pour que nous changions de rôles. Nous continuons donc de secourir les autres dans l'espoir de dissiper nos peurs et de recevoir, en échange, de l'amour[3]. »

Il est toujours temps d'arrêter de nier vos propres besoins.

■ *Longtemps Diana a été celle sur laquelle tout le monde pouvait compter. « J'avais énormément pris sur moi, et à l'époque tout le monde en a été content. J'ai mis des années à me sortir de ce rôle de toujours vouloir aider. Maintenant j'ai pris du recul, je le fais encore mais à petite dose. Je dis à mon copain : "Si ça continue comme ça, je sais pas si je continuerai la relation de couple. Je ne veux plus que ça soit une relation infirmière-malade." Je lui ai dit aussi d'essayer d'aller vers les autres, et que parfois il faut faire l'effort d'aller vers les gens qui nous veulent du bien. Je lui ai dit que s'il n'était*

3. *Ibid.*

pas là quand moi j'avais besoin de lui, c'est une relation déséquilibrée. Maintenant, j'ai encore et toujours le réflexe de vouloir aider mais je le fais seulement quand je sens que j'aime ça. Je ne me sens plus obligée de le faire. Et surtout, maintenant je demande aussi pour moi. Car moi aussi, j'aime recevoir. »

Dans une relation déséquilibrée où l'on se sacrifie, la guérison consiste à se libérer du besoin compulsif de sauver l'autre. Sans pour autant se retrancher dans son petit monde à soi ! On peut, bien au contraire, méditer sur les paroles de Jacques de Bourbon Busset : « Le comble du malheur est de n'avoir personne à aider » et : « Le comble de la misère, c'est de n'avoir personne à aider, c'est de ne pouvoir éclairer aucun visage. »

Oui, aider, mais sans se sacrifier, sans se détruire soi-même.

Tomber amoureux d'une personne déjà engagée ailleurs

Si vous vivez de manière répétitive une relation amoureuse qui vous fait souffrir parce que le partenaire que vous avez rencontré n'est pas libre, posez-vous les questions suivantes :

– Ai-je assez confiance en moi pour aller vers une personne qui me convienne vraiment et avec qui j'ai de réelles chances d'établir une relation complète et durable ? Sinon pourquoi ?

– Est-ce que je doute de ma capacité de plaire et de séduire ? Et cette relation pénible que j'entretiens, bien malgré moi semble-t-il, ne sert-elle pas à masquer ma peur de voir se terminer une relation plus heureuse et plus épanouissante dans laquelle je me serais investi plus totalement ?

Vaincre la compulsion

Pour vaincre une compulsion, quelle qu'elle soit, il faut porter une attention vigilante à ses pensées, ses émotions et ses sentiments lorsque l'on tente d'arrêter cette activité compulsive. Mais pour cela, et pour faire face aux problèmes, il faut avoir le courage de voir ce que cache cette compulsion, et quelles croyances irrationnelles la sous-tendent.

En finir avec les illusions et les croyances qui font tout rater

Chacun d'entre nous a le désir profond d'aimer et d'être aimé, mais un certain nombre de croyances illusoires peuvent conduire à des impasses. Tout d'abord, ce fameux mythe romantique de l'âme sœur qui nous a longtemps fait croire qu'il n'existait qu'une seule personne au monde, l'unique, avec qui nous puissions vivre un grand amour... Du coup, l'on croit qu'il est très difficile de trouver la bonne personne et que les chances de la rencontrer sont réduites. Et partir battu d'avance sert de prétexte à s'isoler.

Un autre mythe, diffusé d'abord par la littérature puis par le cinéma, laisse présumer qu'il suffit d'avoir déniché le partenaire idéal pour filer le bonheur parfait dans l'amour, sans plus se poser de questions. On s'imagine que le partenaire amoureux va combler tous les manques ; on court ainsi au-devant d'amères déceptions.

De nos jours, les rencontres sont plus faciles et plus nombreuses qu'autrefois. Aussi admet-on le plus couramment avoir plusieurs chances de réussir une vie de couple. Cependant, l'utopie romantique, profondément enracinée dans notre subconscient, nous conduit parfois à rechercher un partenaire idéal qui n'existe pas.

■ *« J'ai souvent cru avoir trouvé l'âme sœur, raconte Pierre, quand je rencontrais une femme dont je tombais amoureux, mais très rapidement je butais sur des petits défauts, je m'apercevais qu'elle était loin d'être parfaite et je finissais par être déçu et me lasser. »*

Enfin, un autre mythe qui peut tout faire rater : celui qui assure que l'amour fait mal... Un poète bien connu disait : « Il n'y a pas d'amour heureux. » Combien pensent que l'amour, c'est difficile, et qu'on est toujours déçu ? Cette croyance, plutôt morbide, entraîne ceux qui ont été déjà blessés par l'amour, par le comportement qu'elle induit, à toujours plus de déboires dans leur vie affective ; d'échec en échec, leur conviction ne fait que se renforcer.

Si vous êtes régulièrement pessimiste à propos de vos relations amoureuses, demandez-vous : de quelles expériences ai-je été témoin dans mon enfance pour en arriver à cette façon dramatique de voir les choses ?

■ *Le père de Jean-Paul avait été spolié par sa femme et il répétait souvent à son fils : « Les femmes n'en veulent qu'à ton argent. » Jean-Paul développa une attitude de radin et fit fuir toutes les femmes.*

■ *Anna, lorsqu'elle est arrivée dans le groupe « Paroles de femmes », pensait que les hommes ne pouvaient être « que des brutes ou des faibles ». Elle s'attendait à ce que tous les hommes soient aussi terrifiants que son père. Alors, bien évidemment, elle attirait ce type d'homme. Mais il y a plusieurs façons d'interpréter les expériences que l'on vit, et Anna, pendant longtemps, par sa généralisation abusive, s'est construit une croyance erronée. Fort heureusement, après quelques séances de groupe, elle a pu déclarer : « Chez mes parents, l'ambiance était atroce.*

Il ne fallait jamais contrarier mon père ! Et ma mère était si angoissée qu'elle m'a transmis sa peur des autres. Mes parents n'avaient pas d'amis et il n'y avait jamais personne à la maison. Maintenant, j'ai compris qu'au lieu de toujours se méfier, il suffit d'être vigilant mais sans être systématiquement sur la défensive. »

Pour beaucoup, les deux sexes se livreraient une guerre sans merci. Ou, du moins, hommes et femmes vivent-ils dans l'incompréhension à cause d'idées fausses. Certains hommes par exemple pensent qu'un baiser, un câlin ou toute autre marque de tendresse doivent nécessairement déboucher sur un acte sexuel. Et comme leur partenaire n'y semble pas disponible, ils se refusent à tout geste tendre.

D'autres croyances peuvent se révéler plus ou moins néfastes. Si, par exemple, on a appris, sur le modèle de ses parents, qu'amour rimait avec disputes et mésentente permanentes, on est tenté d'en faire une règle intangible et de la reproduire dans son couple... Bien sûr, un couple n'est pas à l'abri des crises qui peuvent entraîner des affrontements, mais en faire un système de vie traduit une profonde angoisse.

Et par ailleurs, lorsque l'on vit une histoire d'amour trop douloureuse, détériorée par des conflits perpétuels, c'est en général parce qu'à un niveau plus ou moins conscient, on n'a pas du tout la certitude d'avoir assez de valeur pour être traité de façon aimante et respectueuse.

Adhérer à des croyances issues du passé limite le champ d'expériences, donne une idée réductrice de ce que la vie peut nous apporter. Par exemple, si vous êtes convaincu que le type de personne que vous recherchez est aussi difficile à trouver qu'une aiguille dans une botte de foin, vous allez restreindre excessivement vos opportunités de rencontre. Et si vous pensez : je ne peux pas vivre avec un partenaire qui n'a pas telle ou telle origine sociale, telle apparence physique conforme aux modèles véhiculés par les médias, tel diplôme ou telle situation, tel ou tel âge..., peut-être est-il temps d'aller jeter un coup d'œil sur votre programmation amoureuse et de vous demander si elle ne vous limite pas excessivement !

On peut modifier ses croyances issues du passé et les adapter aux réalités d'aujourd'hui à condition de faire, si nécessaire, un travail d'analyse affective afin de s'ouvrir à de nouvelles expériences.

■ *Lorsqu'une femme tombe amoureuse et qu'elle se sent comblée par l'amour, il peut lui arriver, comme Laurence, de trop compter sur son partenaire pour réaliser son bonheur. « Quand j'ai rencontré Pierre, et quand on a commencé à vivre ensemble, c'était comme s'il me nourrissait comme un bébé, et plus rien d'autre ne m'intéressait que d'être avec lui. Ensuite, très rapidement, il a pris de la distance, a voulu revoir ses amis, et on était moins collés ensemble. J'en ai été très malheureuse pendant des mois. C'est seulement en participant au groupe "Paroles de femmes" et en écoutant les autres femmes que j'ai compris que, même si l'on forme un couple, on a deux vies et chacun la sienne à remplir. »*

■ *Aline souffrait d'un besoin de sécurité excessif. Elle s'imaginait qu'une rupture ne pouvait être qu'une catastrophe et un événement tragique. Mais, en écoutant les autres raconter leurs expériences, elle s'est aperçue qu'on ne pouvait pas généraliser, et que maintenir à tout prix une relation où chacun détruit l'autre peut se révéler plus dangereux que la séparation.*

■ *Marylin a réussi à se débarrasser de deux opinions profondément ancrées en elle et qui l'empêchaient d'être heureuse : qu'il fallait toujours tout faire pour plaire et être aimée et qu'il était nécessaire de maintenir un grand nombre de relations pour s'assurer d'un équilibre affectif. « Depuis que je suis petite, on m'a toujours dit que, lorsque je n'allais pas dans le sens des gens et que je n'étais pas la bonne petite fille qu'on attendait de moi, c'était à cause de mon sale caractère. C'est ma grand-mère qui m'a élevée qui me disait ça. Alors j'ai peu à peu pris l'habitude de toujours tout faire pour plaire. Et comme ça, je crois avoir cassé ma personnalité. J'ai fini par m'attacher à beaucoup de gens, et à des hommes en particulier, dans l'espoir de me faire apprécier. Aujourd'hui, je réalise que, pour avoir un peu d'amour, je les ai laissés me maltraiter. Dans le groupe "Paroles de femmes", en écoutant les autres femmes raconter leurs expériences, j'ai pris conscience qu'il fallait cesser d'entretenir des relations intimes avec certaines personnes qui étaient comme des sangsues et me laissaient les batteries à plat. Maintenant, je vais faire le tri dans mes relations et éviter celles qui sont toxiques. Et tant pis si je connais moins de monde. »*

En amour, ce n'est qu'en cessant non seulement de croire au drame, mais encore en espérant bien au contraire le meilleur des possibles, qu'on peut l'attirer à soi. Si vous avez accepté l'idée que le bonheur ne peut durer, les faits vous donneront cruellement raison ! Mais plus vous serez positif et confiant, plus vos efforts pour trouver un amour satisfaisant et enrichissant auront de chance d'être récompensés !

■ *« J'étais persuadée que le bonheur ne peut pas durer, se souvient Françoise, j'étais très pessimiste, j'avais la manie de la déception. Dans le groupe*

"Paroles de femmes", j'ai appris à ne pas voir un drame en chaque chose. J'ai compris que l'on ne peut pas penser correctement lorsqu'on est triste, et qu'il faut prendre du temps pour s'amuser. J'ai compris que, si la souffrance fait partie de la vie, la joie aussi. Et qu'il faut la cultiver. Dans le groupe, j'ai appris à me laisser aller, à rire et je me suis fait des amies. »

Comme Laurence, Françoise, Aline et Marylin, considérez les croyances qui sont en vous, et surtout celles que vous ne vous avouez pas trop ! Demandez-vous s'il n'est pas temps de briser les mauvaises habitudes... Lorsque, par exemple, vous aurez pleinement réalisé que vous n'attirez que le genre de personnes pour lesquelles vous vous êtes programmé à la rencontre, et que cela vous limite terriblement, peut-être vous déciderez-vous à modifier votre façon de penser. Votre attitude changera, et alors les résultats ne tarderont pas à se faire sentir dans votre vie.

Vos croyances sont étonnamment puissantes : elles gouvernent vos pensées qui gouvernent vos actes. C'est la qualité de vos croyances qui gouverne la qualité de vos actes, et c'est la qualité de vos actes qui entraîne la réussite.

Souvenez-vous : *le succès est le résultat naturel d'actions justes engendrées par des convictions justes.*

Mieux se connaître

Évaluer ses qualités et défauts

« Connais-toi toi-même », nous conseillait Socrate. Mais pas besoin de s'enterrer au fond d'une retraire himalayenne pour découvrir qui l'on est ! Se poser la question : « Qui suis-je ? » n'a pas de sens si l'on ne prend pas le risque de la rencontre et de la confrontation. Cependant, il est vrai que chacun de ceux que l'on rencontre ne renvoie qu'une image partielle et peut-être trop déformée de qui l'on est. Aussi, si je désire mieux me connaître, il faudra tout d'abord éviter de donner un trop grand crédit aux remarques et jugements de ceux qui ne cherchent qu'à me rabaisser. Il y a toujours ceux et celles pour qui l'on est toujours trop ceci ou trop cela. Mais quelqu'un qui idéalise l'autre ne lui renvoie pas non plus une vision vraiment juste. En fait, il faut surtout, pour mieux se connaître, fréquenter des personnes intelligentes et bienveillantes mais suffisamment libres de toute attente à son égard. Ce n'est le plus souvent pas le cas de la personne amoureuse, car la vision qu'elle a de l'autre dépend bien trop de ce qui est important pour elle, de ce qu'elle attend. Les amis, les véritables amis, seront des miroirs bien plus fidèles. Ils ne vont pas exagérer nos qualités parce qu'ils n'attendent pas trop de nous comme le ferait une personne amoureuse. Ils ne vont pas non plus trop souffrir de nos défauts.

Écouter ses signaux internes : émotions et sensations

Par la vision, le toucher, l'écoute, l'odorat, nous sommes en contact permanent avec le monde extérieur. Mais nous avons aussi accès, par nos signaux internes, émotions et sensations, à toutes sortes de messages qui nous renseignent sur ce qui nous convient, nous bouleverse, nous exalte, nous angoisse ou nous remplit de joie. Nos émotions sont utiles parce qu'elles nous apportent les informations indispensables pour nous révéler nos besoins cachés, trop longtemps négligés. Écoutons-les comme des conseillers précieux ! Le corps ne ment pas. Il nous informe. D'ailleurs, toutes sortes d'expressions en témoignent. Ainsi nous disons à propos de quelqu'un : « Je le sens bien » ou : « Je ne peux pas le sentir. » « Je l'ai dans la peau » ou : « Je ne peux pas le voir. » « Il m'étouffe » ou au contraire : « C'est une bouffée d'oxygène. » Cependant, il nous arrive de faire la sourde oreille et de ne pas entendre suffisamment ce que notre corps nous dit. Une bonne conscience de soi ne se développe qu'en apprenant à être plus conscient de ce que l'on ressent. Le corps est le messager de la conscience. Mieux me connaître, c'est mieux connaître ce que me dit mon corps.

La réflexion intellectuelle, même quand elle porte l'étiquette prestigieuse d'analyse (psychanalyse), ne suffit pas. Dans la relation amoureuse, on est d'autant plus conscient que quelque chose va ou ne va pas que l'on est ouvert à toutes ses sensations. La vérité s'y cache bien plus souvent que dans des constructions mentales génératrices de croyances fallacieuses. Laissez donc parler vos sensations et vos émotions pour savoir comment vous vous sentez en présence de quelqu'un, quels sentiments ou quels désirs vous animent.

L'équilibre psychologique implique de faire table rase des illusions et des fantasmes de l'esprit pour retrouver une vigilance permanente au niveau du corps et de ses sensations. C'est pourquoi les techniques qui visent à vous apprendre à mieux respirer (yoga), à mieux toucher (massage) ou à écouter avec plus d'attention (chant) sont des outils puissants de développement personnel qui vous permettent de faire l'expérience d'un meilleur épanouissement.

Étapes de la croissance

Nous sommes tombés amoureux. Puis, quand l'euphorie des débuts a peu à peu laissé la place à un certain désenchantement, nous nous sommes retrouvé face à nous-mêmes. Force a été alors de constater que l'on ne peut pas tout partager avec l'être aimé, qu'il ne répond pas toujours à nos attentes, et qu'hélas! il lui arrive de ne pas nous comprendre.

Si notre quête d'amour a été inconsciemment motivée par un besoin de reconnaissance et de valorisation, nous voilà gravement blessé et nous avons mal...

Enfant, nous avions un besoin énorme de susciter l'intérêt et l'attention des adultes, principalement des parents. Nous avions besoin de ce regard bienveillant, attentif à nos progrès. Mais si, par malheur, nous n'avons pas reçu suffisamment d'attention et d'encouragements, et si nous en avons grandement souffert, une fois adultes, nous voilà terriblement avides d'utiliser la relation amoureuse pour reconquérir un peu du sentiment de notre valeur. Alors nous nous raccrochons à notre partenaire comme à une bouée de sauvetage; nous devenons des « mendiants de l'amour ». Si nous avons été trop carencé affectivement, le risque sera grand de projeter sur notre partenaire amoureux l'image idéale de la bonne mère que nous n'avons pas eue, mais dont quelque part nous rêvons encore. Et lorsqu'il ne se conformera pas à cette image totalement attentive et bienveillante, nous lui reprocherons amèrement notre insatisfaction. Peut-être même avec colère!

Mais lorsque les besoins fondamentaux d'être aimé et reconnu dans notre identité ont été suffisamment assouvis, une nouvelle étape de la croissance personnelle s'ouvre alors. On s'est débarrassé des séquelles de ses frustrations (déprime chronique ou vieilles rancœurs). On est prêt à faire une rencontre de qualité parce qu'on est devenu disponible pour s'intéresser aux autres. On se sent « mieux dans sa peau », on dégage de bonnes vibrations. On est désormais quelqu'un « de bonne compagnie » et l'on attire naturellement d'autres gens « bien dans leur peau ».

Cependant, les carences affectives subies dans l'enfance ont parfois été trop importantes. La seule clé qui peut ouvrir les portes d'une meilleure réalisation personnelle est alors d'effectuer un travail sur soi de thérapie ou de développement personnel.

■ *Karine s'est longtemps sentie comme le vilain petit canard de la famille. Elle n'était jamais assez bien pour ses parents qui l'abreuvaient de remarques désobligeantes : « J'avais fini par me juger constamment et me croire vraiment nulle. Je crois qu'il m'a fallu le regard bienveillant d'un thérapeute et l'amour sincère de mon mari pour que j'arrête ce petit jeu et que je cesse de me dévaloriser. Mais ça a pris beaucoup de temps. »*

Une relation amoureuse a d'autant plus de chances de réussir que chacun des partenaires ne compte plus sur l'autre pour trouver le sentiment de sécurité intérieure qui lui fait défaut. Il faut pour cela avoir une maturité affective suffisante. Bien au contraire, c'est avec une meilleure réalisation personnelle *avant* la rencontre que l'on peut ensuite vivre une relation constructive.

Peut-être faut-il admettre, comme J. Rousseau-Dujardin[4], qu'« il n'y a de gens heureux que ceux qui pourraient l'être séparément ».

On croit souvent que, pour réussir une relation, il suffit de trouver le partenaire en qui avoir vraiment confiance. Certes, mais c'est à soi-même d'abord qu'il faut pouvoir faire confiance ! Et pour cela, peut-être faut-il d'abord avoir fait du ménage chez soi : s'être autant que possible débarrassé de ses vieilles douleurs et blessures, afin de pouvoir accueillir l'autre dans un espace qui ne soit pas trop encombré des fantômes du passé...

Une meilleure réalisation personnelle

Nos mauvaises relations actuelles prennent toujours leur source dans des schémas inconscients de comportement acquis dans le passé. Pour le jeune adulte, marqué dans son enfance par les carences affectives, la vie de couple est bien souvent recherchée inconsciemment comme un refuge ou un

4. J. Rousseau-Dujardin, *Couché par écrit*, Galilée, 1980.

remède aux blessures affectives de l'enfance et de l'adolescence.

■ *« Je haïssais l'idée du mariage, qui me rappelait trop l'univers étriqué de mes parents, se souvient Anna. Mais en même temps, j'avais tellement besoin d'établir une relation durable pour arrêter de galérer que je me suis mariée moi aussi et avec quelqu'un d'aussi paumé que moi. Évidemment, je ne pouvais qu'en souffrir. »*

■ *Charles a perdu sa mère quand il avait six ans, et son père est mort, quand il avait huit ans, d'un accident de voiture. Jusqu'à ce qu'il fasse un travail de thérapie, il s'est toujours montré si « collant » et si jaloux dans ses relations avec les femmes que toutes ont pris la fuite.*

Mais cet amour salvateur fera le plus souvent défaut parce que, pour trouver une relation amoureuse suffisamment épanouissante, il faudrait attirer une personne bien plus équilibrée qu'on ne l'est soi-même. C'est rare ! Lorsque l'on souffre d'un manque affectif, on risque le plus souvent d'attirer une personne aussi handicapée affectivement que soi. C'est pourquoi, très souvent, la réussite de la relation amoureuse passe d'abord par une meilleure réalisation personnelle.

■ *Françoise, après le divorce de ses parents, a été élevée par son père, un homme froid et distant, qui ne l'aimait guère. Elle a longtemps vécu dans un état chronique de crainte et d'appréhension, particulièrement au contact des hommes. Dans sa vie amoureuse, elle a subi de multiples déboires dont elle s'est maintes fois plainte auprès de son thérapeute. Mais un jour, elle est arrivée rayonnante : elle revenait d'un séjour de vacances au Maroc où elle avait rencontré Gilles. Heureuse et amoureuse, elle en parla avec enthousiasme. Elle pensait que, désormais, ses ennuis étaient terminés, qu'elle allait bien. Elle souhaita arrêter sa thérapie... Mais deux mois plus tard, elle reprit contact avec son thérapeute car elle s'était aperçue qu'elle avait encore beaucoup de difficultés à se faire respecter, aussi bien par son amoureux que par ses copines.*

En reprenant son travail de thérapie et de développement personnel, Françoise a exprimé sa colère contre son père, et de nombreux sentiments d'impuissance qu'elle s'était toujours efforcée de se cacher à elle-même. Se nourrissant de l'écoute, de l'attention et de la reconnaissance de son thérapeute pour ce qu'elle était vraiment, elle a appris à se faire confiance pour se lancer dans des activités qui lui apportent le plaisir de s'épanouir. Avec le soutien et l'encouragement de son thérapeute, elle s'est lancée dans des stages de danse-thérapie et de clown-théâtre qui lui ont permis de s'exprimer et de s'extérioriser beau-

coup plus dans un milieu mixte où la présence des hommes devenait pour elle de moins en moins source d'anxiété.

Un travail de thérapie ou de développement personnel pourra aider à guérir les blessures du passé, car l'amour du partenaire ne comble pas tous les manques, loin de là. Il n'est pas un médicament miracle ! Si son amour est réel, il apportera sans doute un mieux-être, mais suffira-t-il à apporter la guérison ?

C'est à la suite d'un travail de guérison des blessures affectives, quand on a appris à prendre en main son propre bien-être et à mieux gérer ses relations, que l'on devient capable de choisir des partenaires avec lesquels des rapports sains sont possibles.

Dans ses premières amours, on cherche trop souvent la sécurité au détriment d'un épanouissement de son identité. Mais moins on dépend de son partenaire comme d'une béquille pour avancer, et plus la vie à deux devient enrichissante. C'est pourquoi il peut être utile de passer du temps à faire un travail sur soi et à façonner sa propre identité avant de trop s'engager. Après avoir développé une bonne estime de soi qui ne dépende pas trop de l'approbation d'un autre, il devient plus facile de s'intéresser vraiment à son partenaire et de mieux communiquer avec lui.

Dans un travail de thérapie ou d'analyse émotionnelle, il sera possible de re-contacter de vieilles souffrances oubliées, et d'évacuer les tensions accumulées. Lorsque l'on se sent trop bloqué, reprendre contact avec des émotions refoulées depuis de nombreuses années permet de libérer l'énergie nécessaire pour s'investir pleinement dans un projet de vie. De plus, les émotions ont quelque chose à nous dire. Lorsqu'elles sont acceptées, elles nous révèlent ce que sont nos systèmes de croyance inconscients. Mais, pour recevoir leur message, il faut cheminer dans le labyrinthe qui conduit à les retrouver. Bien souvent, la seule compréhension intellectuelle n'est qu'un leurre si elle ne s'accompagne pas d'un profond ressenti émotionnel et d'un désir intense de sortir de l'impasse, comme le rappelle C. Rialland : « Toute prise de conscience qui n'est qu'intellectuelle et ne comporte pas de travail émotionnel est insuffisante pour se transformer. Il ne suffit pas de connaître les causes de sa souffrance, il faut renaître à soi-même et au bonheur de vivre[5]. »

Avec l'aide d'un thérapeute, il devient possible de renouer avec l'enfant que l'on a été, de faire face à ses vérités personnelles, de se faire entendre et de se retrouver soi-même pour ouvrir à nouveau les

5. *Cette famille qui vit en nous.*

vannes à son dynamisme et à sa joie de vivre. On est alors apte à recevoir le soutien et les informations nécessaires pour mettre en place de nouveaux schémas de réussite.

On peut aussi avancer sur le chemin d'un meilleur épanouissement en participant à des groupes de soutien du type des ateliers « Paroles de femmes » dont nous avons déjà parlé. Dans cet espace privilégié, des personnes viennent partager leur vécu, découvrent que d'autres vivent parfois des expériences similaires. Elles apprécient l'écoute, la solidarité et la camaraderie des membres du groupe. Par l'observation de ce qui s'est passé, dans une histoire qui n'est pas la leur, mais qui lui ressemble étrangement, elles discernent plus facilement les mécanismes qui ont engendré les problèmes.

Et pour avancer plus encore, vous pouvez :

1. Mieux discerner vos besoins les plus profonds et les plus fondamentaux en en faisant une liste écrite.

2. Faire ensuite un « plan de vie », c'est-à-dire imaginer ce que vous désirez vivre dans cinq ans, dix ans, quinze ans, etc.

3. Penser positivement, et essayer de vous représenter mentalement des séquences de ce que sera votre vie amoureuse dans cinq ans, dix ans, quinze ans, etc.

4. Partager vos rêves avec un thérapeute ou des

personnes suffisamment bienveillantes pour vous encourager.

5. Dresser la liste des qualités pour lesquelles vous voulez être aimé.

6. Faire la liste des marques d'attention qui vous rendent heureux.

■ *Sylvie, encouragée dans le groupe « Paroles de femmes » à faire son « plan de vie », a pris conscience qu'avoir un enfant et fonder une famille était le point crucial du projet qu'elle envisageait pour elle-même, et qu'elle ne voulait plus perdre son temps avec les hommes égocentriques qui l'attiraient auparavant.*

■ « *J'aimerais bien avoir un enfant, a dit en revanche Laurence, mais pour moi, avoir une relation amoureuse saine et épanouissante passe avant tout, c'est ma priorité. Si je n'ai pas d'enfant, j'aurai quelque regret mais ce n'est pas essentiel pour moi. Désormais, je veux uniquement une relation dans laquelle je me sente bien. Je suis devenue allergique au genre d'hommes qui m'attiraient autrefois.* »

À l'issue d'un chemin d'évolution personnelle, et quelles que soient les difficultés et les épreuves traversées, vous pourrez dire, comme Serge : « *Pour moi, ça va bien parce que je suis guéri des blessures du passé* », comme Jean-Pierre : « *Pour moi, ça va bien parce que je sais comment poursuivre mes objectifs* », ou comme Élisabeth : « *Pour moi, ça va bien parce que j'ai appris comment donner et recevoir de l'amour.* »

Et peut-être aussi pourrez-vous dire avec l'écrivain Gilbert Cesbron : « J'aime, donc je suis. Dès que je cesse d'aimer, je cesse d'être. »

Comment aimer en mariant l'amour et la raison

■ *« Ne sachant pas vraiment ce que je voulais, raconte Sabine, je choisissais des hommes dont les orientations de vie et les buts étaient bien trop différents des miens, aussi avais-je des difficultés à entretenir une relation durable. » Et elle ajoute : « J'ai vécu deux années avec Jean-François dont j'étais tombée follement amoureuse parce qu'à l'époque, j'avais énormément besoin d'être soutenue, d'être prise en charge. Je crois que ce n'était pas une histoire d'amour, c'était une vraie supercherie. »*

À la suite d'une séparation, vécue comme un échec, deux voies s'ouvrent à soi. La première, la plus facile mais la plus néfaste, consiste à demeurer trop longtemps blessé et déçu et à s'enfermer dans des sentiments négatifs de souffrance ou de culpabilité. La seconde porte à dresser le bilan de la relation, en surmontant l'agressivité contre l'autre ou contre soi-même, et cela sans désigner de fautif ni de perdant.

Lorsqu'elle a été subie, plutôt que choisie, la rupture devient un défi lancé de se décharger (éventuellement dans le cabinet d'un thérapeute) des sentiments d'amertume et de frustration inhérents à toute séparation, afin d'analyser et de comprendre ce qu'elle a apporté, et pourquoi elle s'est terminée. Ce travail vise à se libérer des rancœurs et ressentiments ; il nécessite d'avoir le courage de regarder en face ce qui, dans la relation, était de l'ordre de l'intérêt égoïste, de la facilité ou de l'immaturité, pour mieux les dépasser. Pourquoi une histoire d'amour qui finit ne pourrait pas être la porte ouverte à une autre qui commence : plus belle et plus lumineuse ?

Après avoir fait le point sur une rupture sentimentale, on prend parfois conscience que la relation amoureuse met en scène des aspirations et des désirs aussi bien conscients qu'inavoués parfois. Et c'est en ayant acquis une meilleure connaissance de soi et une maturité suffisante que l'on devient capable d'aller vers des gens qui nous conviennent, en toute conscience. En effet, un aveuglement vis-à-vis de soi-même ne peut qu'entraîner un aveuglement dans le choix du partenaire.

Mais devenir plus lucide n'est pas la fin du travail : pour obtenir une relation de qualité, il faut faire appel à la raison et à la conscience. Il s'agit notamment d'apprendre à jouer aux quatre coins, ceux du premier « carré magique » : « donner », « recevoir », « demander » et « refuser », les quatre fonctions relationnelles de base.

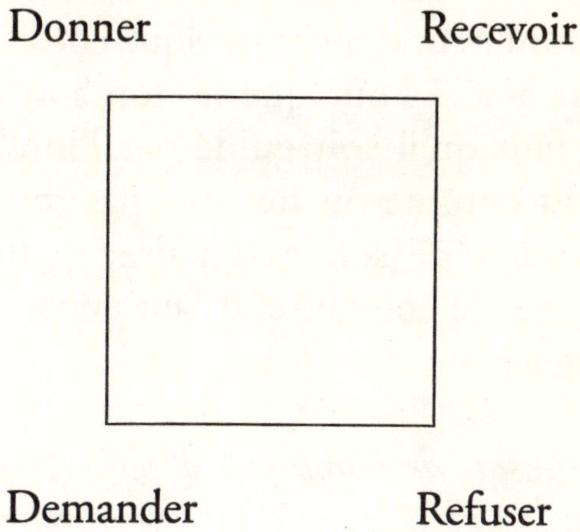

Il ne suffit pas de se sentir amoureux pour créer une relation. Et l'amour ne se contente pas de déclarations lyriques. Aussi le don et l'amour feront bien d'aller de pair. Vivre un grand amour, ce n'est pas se contenter d'être aimé. D'ailleurs, lorsque l'on est vraiment amoureux, on est heureux de donner de l'attention ou de faire des compliments sincères à la personne aimée. L'amour est à la mesure du don. L'important est moins ce que l'on dit que ce que l'on fait. L'amour s'enrichit de petites attentions, de petits cadeaux. Cela commence avec l'écoute attentive de l'autre, qui est aussi un don et non des moindres ! Et bien entendu, la plupart du temps, on a aussi envie d'offrir toutes sortes de biens matériels ou de petits cadeaux à son partenaire. Mais il ne suffit pas d'avoir envie de donner quelque chose et de le faire pour créer une relation amoureuse harmonieuse. Car on peut donner quelque chose pour se faire plaisir à soi ! Pour que le don soit un vrai cadeau, il faut qu'il soit guidé par l'intelligence du cœur. Et comme on ne peut pas tout savoir et tout deviner de son partenaire, quand bien même on croit le connaître, il faut encore et toujours dialoguer !

■ *Serge faisait de nombreux voyages à l'étranger car il travaillait pour le compte d'une entreprise multinationale. Quand il revenait au foyer, il apportait toutes sortes de victuailles et produits alimentaires en conserve à sa femme. Mais Serge, en agissant ainsi, lui retirait le plaisir d'aller faire ses courses par elle-même : son épouse préférait de beaucoup préparer les plats qu'elle avait choisis après avoir fait son marché comme elle l'entendait.*

Quoi qu'il en soit, prenez l'initiative de faire plaisir à l'autre. Mais sans omettre de communiquer !

L'amour adulte se construit ainsi dans l'équilibre du « donner » et du « recevoir ». C'est une relation « gagnant-gagnant », dans laquelle chacun des partenaires trouve son compte. C'est pourquoi, si on ne fait que donner, on s'épuise, on a le sentiment de se vider. On finit même par déprimer : comment alors peut-on vraiment donner... ? On a aussi besoin de vivre des moments où on n'est plus dans la position de donner mais dans celle de recevoir. Recevoir de l'aide ou des encouragements par exemple ! Mais pour recevoir, il faut, le plus souvent, demander. Notre partenaire ne peut pas toujours deviner ce que nous attendons de lui, il ne lit pas dans nos pensées !

De nombreuses relations amoureuses seraient moins conflictuelles si chacun des partenaires demandait ce qu'il souhaite et cessait d'attendre que l'autre devine ce dont il a besoin.

Si vous avez le désir d'être aimé, autorisez-vous à demander ce qui vous apporte un vrai plaisir, un vrai bonheur !

Vous pouvez demander un cadeau, un service ou de l'écoute. Vous le méritez bien. Vous pouvez demander à votre partenaire de passer plus de temps ensemble et de faire de nouveaux projets... Si parfois il refuse, ayez la sagesse de ne pas interpréter cette réponse comme un rejet total de votre personne. Il peut aussi arriver, au cours des jours, qu'avec les meilleures intentions du monde, votre partenaire vous propose quelque chose d'incompatible avec vos désirs ou vos goûts. Alors, pourquoi ne pas refuser ce qui ne vous convient pas !

Vous pouvez aimer sincèrement votre partenaire sans pour autant accepter tout ce qu'il vous propose ! Votre partenaire peut sincèrement vous aimer sans pour autant accepter tout ce que vous lui proposez !

L'effet Pygmalion

Lorsque la relation amoureuse est réussie, chacun des partenaires aide l'autre à devenir lui-même, à se réaliser. Cet accomplissement heureux peut être illustré par le mythe de Pygmalion, tel qu'il est raconté dans *Les Métamorphoses* d'Ovide : Pygmalion avait sculpté dans de l'ivoire blanc un corps de femme ; et sa réussite était telle qu'il en était tombé amoureux. Le jour de la fête de Vénus, il demanda aux dieux de lui donner pour épouse une femme semblable à sa sculpture. Vénus fut sensible à sa prière et accepta d'exaucer son souhait. De retour chez lui, Pygmalion embrassa la statue qui s'éveilla et s'anima pour devenir Galatée, une femme d'une incroyable beauté.

Avec l'amour conscient, nous pouvons éprouver la joie de créer une dynamique dans laquelle se réalisent autant la satisfaction et l'épanouissement de l'un et l'autre des partenaires. La relation amoureuse réussie se vit sous le signe de la réciprocité.

■ *« Sylvia m'a redonné l'énergie d'entreprendre les choses que je souhaitais faire depuis si longtemps, raconte Pierre. Et elle m'a dit que je lui avais permis de se rendre compte que, jusqu'à présent, sa vie n'était pas la vraie vie. »*

Amis et amoureux

Huit questions à se poser

En amour ou en amitié, il se peut que vous traversiez une période difficile et que vous viviez une relation qui ne fonctionne pas. Que se passe-t-il ?

1. Peut-être est-ce que vous acceptez trop… sans oser refuser ce qui ne vous convient pas ?

En effet, si vous prenez l'habitude de ne pas refuser ce qui ne vous convient pas, vous allez accumuler des rancœurs conscientes ou inconscientes contre votre partenaire. Mais si vous demandez ce qui vous convient, il apprend à mieux vous connaître.

2. Peut-être ne vous faites-vous pas suffisamment comprendre ?

Il faut parfois se répéter plusieurs fois et de manières différentes pour se faire comprendre.

3. Peut-être vos valeurs respectives sont-elles trop différentes ; peut-être sont-elles incompatibles ?

4. Peut-être votre sensibilité est-elle trop différente de la sienne ?

5. Vous sentez-vous souvent à l'aise avec cette personne ?

6. Sinon pourquoi ?

7. Quelle importance accordez-vous à vos besoins ?

8. ... et à ceux de l'autre ?

Les conseils de la bonne fée Sagesse

– Fréquentez en priorité ceux dont vous vous sentez proche tout en vous sentant libre.
– Fréquentez en priorité ceux avec qui il vous est facile de bien vous entendre.
– Fréquentez en priorité ceux qui vous apportent la détente, vous font rire ou sourire.
– Évitez le non-dit des engagements flous.
– Établissez clairement vos engagements. Respectez-les et demandez à votre partenaire de respecter les siens.

Quand votre relation amoureuse débute, peut-être faut-il savoir ce que vous voulez vraiment pour ne pas vous laisser entraîner dans une aventure qui ne vous convient pas !

■ « *Quand j'ai rencontré Stella, se souvient Jean-Marc, j'ai été saisi d'une exaltation extraordinaire, j'ai laissé tomber mes hésitations, et pourtant j'avais déjà divorcé deux fois. Néanmoins, au bout de quelques semaines, je ne supportais plus la cohabitation, j'avais trop besoin de mon indépendance, et je crois qu'une fois de plus, je ne supportais pas le quotidien avec une femme. J'essayai en vain de me raisonner, mais c'était plus fort que moi, j'avais besoin d'espace et nous vivions à l'étroit dans un petit deux-pièces. Elle tentait de me retenir, mais je cherchais toutes les occasions de m'absenter. Lorsque nous nous rencontrions, nous passions notre temps à faire l'amour, mais était-ce une raison pour tout partager ? À la fin, de guerre lasse, elle m'a laissé faire comme je le voulais, et je suis parti définitivement.* »

Comment vivre au sein d'une relation véritablement harmonieuse ?

Selon Jacques Salomé, il est nécessaire que soient entendus certains besoins « *indispensables à notre santé relationnelle* » :

1. Le besoin de se dire, c'est-à-dire de pouvoir mettre des mots sur les ressentis et les émotions pour les communiquer.

2. Le besoin d'être entendu « c'est-à-dire avoir le sentiment que ce que j'ai dit n'est pas tombé dans le vide, n'est pas nié, déformé ou récupéré ».

3. Le besoin d'être reconnu tel que je suis, et non tel que l'autre voudrait que je sois.

4. Le besoin de ressentir que je suis une personne importante pour mon partenaire.

5. Le besoin d'avoir une intimité, c'est-à-dire de disposer d'un espace où l'autre n'a pas accès sans mon accord.

6. Le besoin d'exercer une influence sur mon partenaire, pour ne pas toujours être dépendant de lui.

Découvrir l'amour et la joie de vivre indépendamment de la romance

Selon certains psychanalystes, l'homme craint de s'engager parce qu'il a plus ou moins peur d'être piégé dans une relation où sa partenaire, telle une ogresse, en viendrait à le dévorer. Aussi doit-il maintenir une certaine distance pour mieux se protéger. Mais on peut craindre aussi que, dans notre culture occidentale, à l'ancienne obligation de se marier et d'avoir des enfants ait succédé l'obligation de se réaliser au sein d'un amour parfait, merveilleusement harmonieux. C'est l'avis de J.-G. Lemaire[6] : « Le couple moderne doit être tout à la fois amour-passion, tendresse, amitié, connivence intellectuelle, partage du travail, édu-

6. *Le Couple, sa vie, sa mort.*

cation des enfants, obligation sexuelle, et encore plus de jouissance. »

Or un amour n'est jamais parfait ! Pour savoir où l'on en est et se situer un peu dans la relation que l'on est en train de vivre, peut-être est-il bon de se rappeler que les Grecs anciens voyaient l'amour sous trois visages différents :

L'amour vécu sous le signe d'Éros

C'est un amour étroitement associé au désir physique. Avec Éros, s'aimer l'un et l'autre, c'est se désirer mutuellement. Il n'y a pas d'éthique, il n'y a pas de règles. La relation à l'autre n'est pas une relation à une personne entière, c'est une relation d'objet dans laquelle on cherche exclusivement à combler le désir. Et si la relation se poursuit sous le seul signe d'Éros, dont le but ultime est d'atteindre l'exaltation suprême, le risque est grand pour chacun des partenaires de sombrer dans l'angoisse du manque, chaque fois que s'interrompent les temps de l'étreinte. Pour finir dans la violence ou dans l'ennui.

L'amour vécu sous le signe de Philia

C'est l'amour-amitié. Cet amour est tissé de complicités, de partages et d'échanges, dans lequel je suis heureux du bonheur de l'autre comme du mien (et cela, même quand je n'y suis pas associé).

Enfin, l'amour vécu sous le signe d'Agapè

Cet amour-là s'ouvre à tous les autres êtres humains pour se répandre le plus généreusement possible.

D'autres conseils de la bonne fée Sagesse

Ou comment s'épanouir sans être contraint à la perfection !

– N'attendez pas tout de votre partenaire. Il n'est pas là pour prendre en charge votre bonheur.

– Vous pouvez compter sur vous d'abord pour vous construire une vie intéressante.

– Vous pouvez vous engager à vous épanouir pleinement en tant que personne libre et responsable. Souvenez-vous : vous avez peut-être envie de faire de nouveaux voyages, de développer vos talents pour la musique, la peinture ou toute autre activité. Il y a des activités à faire en couple, mais pas toutes. Et si vous n'êtes pas toujours ensemble, votre relation amoureuse sera enrichie, parce que vous aurez plus de choses à vous raconter.

– Découvrez ce qui est important pour vous. Ayez une vie bien remplie. Choisissez votre propre style de vie.

– Dressez la liste des activités que vous aimez déjà ou que vous pourriez entreprendre. Cela peut être un sport que vous aimez ou bien le jardinage, le bricolage, la calligraphie... (Chaque fois que votre personnalité s'exprimera plus pleinement, vous serez plus heureux. Et lorsque l'on se sent bien, que l'on est plein de vitalité et d'énergie, on se donne à coup sûr les meilleures chances de réussir sa vie sentimentale.)

Si nous voulons bâtir une relation solide, il nous faudra peut-être envisager l'amour sous ces trois facettes. Dès lors, nous aurons à cœur, certes, de vivre des moments intenses de fusion amoureuse sous le signe d'Éros, mais aussi de communiquer dans l'amitié et de nous ouvrir sur le monde.

Chapitre V

LE COUPLE

Se marier ou pas ?

Nous avons déjà évoqué plus haut le mythe d'Aristophane relaté par Platon. Ce mythe nous conte comment un être à l'origine androgyne aurait été scindé en deux par les dieux en colère : la moitié mâle et la moitié femelle qui, depuis, chercheraient à se rejoindre. Et l'être humain serait depuis condamné à poursuivre la quête de cette part manquante de lui-même.

Marié, concubin, ou pacsé, avons-nous donc cherché la rencontre qui allait nous libérer de l'angoisse de la séparation ? la rencontre qui allait changer notre vie ?

Dans les années soixante-dix, le nombre des mariages ne cessait de chuter. Peut-être parce que l'autonomie individuelle était vécue comme une priorité et une conquête, ainsi que l'a souligné Jean-Claude Kaufmann. La contraception a également permis d'avoir une vie affective et sexuelle hors mariage.

Cependant, la vie en couple et plus encore le mariage continuent de bénéficier dans l'inconscient collectif d'une valeur symbolique très forte. Symboles d'une plénitude sentimentale, d'un attachement solide dans la durée, ils font rêver d'un bonheur parfait.

Aujourd'hui d'ailleurs, le mariage est réhabilité comme valeur essentielle ; leur nombre ne cesse d'augmenter. Selon les estimations de l'Insee, l'Institut national des statistiques, il y aurait eu, au cours des sept derniers mois de 2002, 1 500 mariages de plus que pour la même période de 2001.

Le mariage a cependant changé : il ne constitue plus, pour bon nombre de couples, qu'une simple étape dans leur vie commune : la plupart ont déjà vécu plusieurs années ensemble avant de convoler. Comme le dit Jean-Claude Kaufmann : « Aujourd'hui, en général, le mariage n'est plus l'événement fondateur du couple. »

Aujourd'hui, le risque d'échec n'est plus une raison de ne pas se marier. Malgré la recrudescence des divorces, la plupart des médias ne perdent pas une occasion de célébrer la réussite par le mariage de telle star du spectacle ou de telle tête couronnée.

Dans le monde politique, les vertus de l'engagement matrimonial sont désormais célébrées à tel point qu'il est désormais devenu correct de présenter sa compagne au regard des électeurs. Ces images ont un tel impact sur l'inconscient collectif que réussir son bonheur est devenu synonyme de mariage. Sans doute pense-t-on que cet engagement protège de l'insécurité affective. Dès lors, parfois à peine sorti de l'adolescence, on se précipite vers la vie à deux comme vers un havre de salut, un petit port bien à l'abri, sans chercher d'autre voie.

Le mariage rassure. On l'a longtemps cru en perte de vitesse, mais il n'en est rien, car même si on se marie plus tard, souvent après avoir cohabité, il reste pour beaucoup le symbole d'un aboutissement et d'une réussite.

Fusion ou autonomie ?

Tomber amoureux est une expérience exaltante qui envahit le champ de conscience et donne des ailes.

▪ *Alain a fait l'expérience d'une rencontre merveilleuse : celle d'Estelle. « Je cherchais quelqu'un qui allait rendre ma vie parfaite, quelqu'un d'extraordinaire, et j'ai rencontré Estelle. L'éblouissement fut intense et total. Avec elle, c'était magique. J'étais au comble du bonheur. C'était la fête. »*

■ *« Les copines me disaient que j'étais transfigurée et rayonnante », se souvient Stéphanie.*

On entend souvent dire : « *J'en étais dingue.* » « *Je marchais sur un nuage.* »

Avec l'état amoureux, tout devient plus intense ! On vit des moments d'euphorie et de grâce. Le monde devient plus beau, les gens plus sympathiques. On se sent si bien avec l'autre que l'on croit ouvrir les portes du paradis. Généralement, l'ardeur de la rencontre dans l'intimité sexuelle emporte et balaie toutes les barrières que l'on mettait habituellement entre soi et les autres.

Le psychanalyste interprète cet état transitoire d'exaltation comme celui d'une fascination quasi hypnotique. À un niveau inconscient, celui qu'on aime devient l'équivalent symbolique de la maman pour le nourrisson.

L'état amoureux se nourrit de la répétition. Et comme le dit encore Danilo Martucelli[1], ce n'est pas au cours de la vie adulte que l'on vit son premier amour ; le premier amour, c'est celui du bébé pour sa mère. Il attend tout d'elle. Et dans les états amoureux extrêmes, on attend aussi tout de l'autre. Sans lui, la vie ne vaut plus la peine d'être vécue. Bien décrite par Stendhal, la cristallisation

1. *Penser le sujet.*

ou idéalisation de la personne aimée est caractéristique de l'amour naissant.

Mais qu'arrive-t-il, une fois les illusions disparues ? On découvre que la personne tant désirée, et si massivement investie affectivement, correspond bien imparfaitement à l'image que l'on se faisait d'elle. On la voit sous un autre jour. Survient alors la première crise du couple.

■ *« Au bout de quelques mois, raconte Stéphanie, je me suis aperçue qu'il n'était pas l'homme que j'avais imaginé. Et je commençai à sombrer dans le désenchantement, les pleurs et l'amertume. »*

À en croire Danilo Martucelli[2], le véritable organe de l'amour n'est ni le cœur ni le sexe, mais l'imagination : c'est elle qui inspire le désir et colore nos projets des feux de l'enthousiasme. Méfions-nous des illusions de notre imagination ! On peut être amoureux d'une personne que l'on croit bien connaître, mais que l'on comprend très mal. Dans les cas extrêmes, on peut même tomber amoureux d'une personne que l'on n'a jamais rencontrée : une star du cinéma ou de la musique. Puis, avec le temps, on constate que l'autre est différent de ce que l'on avait imaginé et surtout qu'il ne répond pas à toutes nos attentes. On peut alors

2. *Ibid.*

sombrer dans la nostalgie de la passion amoureuse. Ou penser que l'autre est devenu un obstacle à notre autonomie et à notre épanouissement. Le retour sur soi peut alors s'avérer douloureux !

■ *Alain est tombé très amoureux d'une femme rencontrée durant des vacances. « On s'était rencontrés pendant une semaine de vacances en Tunisie. Pour moi, ça avait été une semaine formidable : je planais, et elle aussi. Mais à notre retour à Paris, au bout de quelques semaines, j'ai eu l'impression d'être tombé dans un piège terrible qui restreignait ma liberté. Car partout où j'allais, il fallait qu'elle m'accompagne. Et lorsque nous étions séparés par nécessité, il fallait que je rende des comptes de tous mes mouvements. Au bout de deux mois, je suffoquai, j'avais envie de tout plaquer. » Alain s'est rapidement senti comme en prison avec sa compagne : « Je me sentais limité par elle. Il y avait des facettes de ma personnalité que je ne pouvais pas exprimer. Elle m'aurait pris pour un fou. »*

Il peut arriver un moment, dans une relation, où l'intimité est si étroite, et où l'un des partenaires s'en trouve si mal à l'aise, qu'il ne voie pas d'autre solution pour se protéger que de s'éloigner ! Le beau Roméo avait dit à sa Juliette : « Nous ne ferons plus qu'un... » Elle a répondu : « Oui mais lequel ? » et s'est enfuie...

Dans une histoire amoureuse classique, on repère généralement trois étapes :

1. L'étape de la rencontre, de l'idéalisation et de la fusion.

C'est l'*inammorento* d'Alberoni[3]. On a alors tendance (et c'est normal) à porter les œillères des amoureux et à ne voir vraiment que les qualités de la personne élue. On projette sur l'autre l'idéal recherché, et l'on croit qu'avec lui tous les problèmes vont disparaître.

Les premiers temps de la rencontre sont généralement très érotisés. Les amants vivent des moments d'intensité amoureuse et d'exaltation qui leur permettent de tout accepter de l'autre. Toutes les différences sont niées ou sous-estimées.

2. L'étape de la désillusion.

Tout était rose, tout était beau. Mais cela n'a qu'un temps, et le choc du réel s'impose. Au bout d'une période plus ou moins longue dans l'histoire du couple, la désillusion apparaît. À cette étape, le reproche formulé de façon quasi systématique est : « Tu as changé. »

Non, le partenaire n'a pas changé, c'est seulement qu'on n'avait pas su le voir. Avec la désillusion, il faut faire le deuil d'une image, d'une

3. *Le Choc amoureux.*

chimère, d'un rêve et du partenaire idéal. Il faut se rendre à l'évidence : l'autre n'est pas parfait, il ne vient pas combler toutes mes attentes.

Lors de cette étape cruciale, le risque est grand de méconnaître l'importance des blessures affectives antérieures et, donc, de projeter sur le partenaire une image par trop défavorable. On est alors tenté de repartir et de recommencer l'aventure ailleurs. La plupart des thérapeutes conjugaux s'accordent à penser que bon nombre d'hommes et de femmes se séparent parce qu'ils n'arrivent pas à surmonter cette étape de la désillusion. Comme le rappelle le psychanalyste J.-G. Lemaire[4] : « Tout se passe comme si, à la base de toutes les relations, on trouvait d'abord la quête d'une relation visant à confronter un sujet jamais suffisamment comblé ni sécurisé. »

3. L'étape du choix.

La relation amoureuse s'installe si les conjoints décident tous les deux de confronter leurs différences et de poursuivre ensemble le chemin, plutôt que de fuir chacun de son côté. L'amour, dans une relation de couple, est affaire de décision et de volonté ; on se situe au-delà des humeurs et des émotions, instables par nature.

4. *Le Couple, sa vie, sa mort.*

On peut alors dire : « Aujourd'hui, j'ai perdu mes illusions, mais je choisis de continuer avec toi pour essayer de construire dans la réalité. »

■ *Après une rupture, Marie-Cécile et son compagnon ont réussi à prendre un nouveau départ, sur des bases plus saines. « Nous avions chacun une personnalité assez forte et je ne crois pas que nous étions un couple totalement fusionnel. Mais il est vrai qu'il me fascinait. Ensuite, lorsque nous avons commencé à cohabiter, il est descendu de son piédestal. Comme il voulait toujours prendre toutes les décisions, j'avais souvent l'impression qu'il me reprochait de ne pas jouer le rôle d'une petite fille que l'on protège. Je me rebellais et nous nous disputions de plus en plus. J'ai fait ma crise et j'ai eu envie d'aller voir ailleurs. Il l'a très mal pris. Après la crise, et après une séparation transitoire, nous avons pu prendre un nouveau départ. Mais c'est grâce aussi au soutien psychologique d'un conseiller conjugal que nous avons pu démarrer une nouvelle histoire sur des bases différentes. »*

Un amour qui s'installe est un amour plus lucide. C'est alors qu'on aime un homme ou une femme beaucoup plus pour ce qu'il est, que pour ce que l'on a cru qu'il était.

Par ailleurs, la capacité du couple à durer est fonction de sa capacité à reconstruire régulièrement du neuf. En effet, comme le dit J.-G. Lemaire : « Les couples qui se contentent de supporter leur usure ne durent pas ; ils se rendent possible une relation de cohabitation, mais ils meurent en tant que couples, même s'ils gardent une façade légale. »

Mais peut-être peut-on se demander si l'union qui dure dans le temps n'apporte pas des limites qui risquent de mettre en péril l'épanouissement personnel ?

Le sociologue Serge Chaumier souligne[5] que, si le modèle de l'amour dans l'Occident contemporain est encore le « grand amour », avec passion et coup de foudre, l'amour moderne est confronté à une difficulté majeure : concilier l'idéologie de cet amour romantique, impliquant l'idéalisation du partenaire et le désir de fusion, avec l'inévitable aspiration à la réalisation personnelle dans l'autonomie. C'est également l'avis de Francesco Alberoni[6] : l'enjeu des couples modernes serait de tenter de concilier ces désirs qui semblent contradictoires.

Combien de couples vivent ensemble, en faisant comme s'ils devaient continuer longtemps ainsi, alors que chacun d'entre eux trouverait davantage son compte à vivre ensemble, oui, mais pas tous les jours ? La vie partiellement séparée protège cer-

5. *La Déliaison amoureuse.*
6. *Le Choc amoureux.*

tains couples du désamour, peut-être parce qu'elle sauvegarde le manque qui vient attiser le désir.

■ *« Avec Julie, il nous arrive très souvent d'apprécier ensemble un bon film, un bon spectacle, et en général nous sommes heureux de passer du temps ensemble dans la complicité et l'harmonie, raconte Jean-Pierre. Mais je ne donnerais pas cher de notre couple si nous devions nous supporter à longueur de temps. »*

Sans doute est-il facile de tomber amoureux, mais vivre l'amour dans une relation durable est plus difficile. Cela suppose que l'on a développé une aptitude suffisante à accepter le partenaire tel qu'il est vraiment. On fréquente alors un autre monde, celui du partenaire, qui n'est jamais tout à fait le sien, et auquel il faut bien s'adapter. Les besoins et désirs de l'un et l'autre se heurtent parfois. Fini, l'illusion du double ! Il faut accepter la différence, reconnaître l'autre, c'est-à-dire le respecter, et renoncer à la symbiose. Notre partenaire ne pourra jamais se conformer à toutes nos exigences, ni répondre à tous nos fantasmes...

Si l'on choisit de vivre ensemble, chacun devra abandonner une part de son autonomie, une part de son indépendance pour créer un espace commun au couple... en gardant un espace vital personnel.

Tous les couples sont confrontés à ce que le philosophe Schopenhauer appelait le dilemme des porcs-épics : ils ont à la fois un très grand besoin de se rapprocher mais aussi de s'éloigner pour ne pas se faire de mal par une trop grande proximité. « Un jour d'hiver glacial, les porcs-épics d'un troupeau se serrèrent les uns contre les autres afin de se protéger contre le froid par leur chaleur réciproque. Mais douloureusement gênés par les piquants, ils ne tardèrent pas à s'écarter de nouveau les uns des autres. Obligés de se rapprocher de nouveau, en raison du froid persistant, ils éprouvèrent une fois de plus l'action désagréable des piquants et ces alternatives de rapprochement et d'éloignement durèrent jusqu'à ce qu'ils aient trouvé une distance convenable où ils se sentirent à l'abri des maux. »

Dans la relation amoureuse, trop de fusion mène à la confusion ! Aussi, bien souvent, pour donner les meilleures chances de longévité à son couple, pour lui donner un second souffle, le remède sera-il de préserver une autonomie suffisante à chacun.

Ne faut-il pas laisser de l'espace à la personne qu'on aime ? Et pour qu'elle ne devienne pas étouffante, ne faut-il pas fixer une borne à l'intimité conjugale ?

Écoutons ce qu'en dit le poète libanais Khalil Gibran : « Aimez-vous l'un l'autre mais ne faites pas de l'amour une entrave. » Ou encore : « Et tenez-vous ensemble mais pas trop proches non plus / Car les piliers du temple s'érigent à distance. »

Accomplissement du couple et accomplissement de la personne sont-ils forcément antagonistes ?

De fait, on peut dire qu'à un niveau inconscient, il peut toujours coexister une certaine tension entre la nostalgie archaïque de disparaître dans l'autre par la fusion et l'aspiration à se réaliser soi-même au maximum dans son individualité.

Nous pouvons peut-être essayer d'apporter un début de solution à ce dilemme en appliquant la formule qui suit : « Dans un couple, nous sommes deux personnes distinctes qui embarquons pour un même voyage. Et pour que la croisière soit belle, appliquons dans notre relation les règles du "premier carré magique" (voir p. 159). Pour que notre relation soit saine et se déroule le mieux possible, il convient de savoir donner et recevoir au bon moment, demander et refuser à bon escient. »

Souvenons-nous aussi que, même lorsque l'on vit un amour conjugal fait de complicité mutuelle et de tendresse, chacun d'entre nous est néanmoins responsable de sa vie et de son bonheur.

Sachons donc respecter l'autonomie de notre partenaire ! Apprenons à faire le deuil d'un amour fusionnel impossible à vivre. Et pour cela, arrêtons de vivre dans le fantasme inconscient de toute-puissance qui nous fait imaginer que nous pouvons combler l'autre entièrement ou être comblé par lui.

Passé le temps de l'exaltation et de l'idéalisation amoureuse, il reste à faire l'apprentissage de la relation.

« Petits » tiraillements dans la vie de couple

Les dysfonctionnements

Patricia ne supportait pas que Philippe passe des heures à s'occuper de son jardin. Et Philippe reprochait constamment à Patricia de conduire trop lentement. Dans un couple, l'erreur ne serait-elle pas très souvent de vouloir à tout prix une entente absolument parfaite, comme si l'on partageait son existence avec une âme sœur ? Un alter ego dont toutes les façons d'être seraient semblables aux nôtres ? bref, un clone ? Bien sûr, les différences peuvent nous contrarier, voire même être source d'agacement... Mais l'amour, n'est-ce pas, selon la belle formule de Jacques de Bourbon Busset, « Quand la différence ne sépare plus » ?

Lorsque l'on a une personnalité suffisamment affirmée, la différence de l'autre n'est pas ressentie comme une menace éventuelle. Dès lors, on n'est pas obsédé par le besoin d'imposer sa vérité.

Une personne suffisamment mature ne cherche plus à contrôler l'autre, que ce soit à travers la domination ou la soumission. Et lorsque les deux partenaires d'un couple ne sont pas liés par ce besoin de dominer ou de se soumettre, chacun d'entre eux peut conserver sa part d'autonomie et d'indépendance, sans que le partenaire ne se sente fragilisé ! Lorsque des ajustements réciproques et des assouplissements mutuels s'avèrent nécessaires, ils se font facilement.

Il peut arriver que la mésentente dans le couple ne soit pas faute d'amour ou d'incompatibilité profonde, mais faute de compréhension et surtout de communication.

■ *Paul est marié depuis quelques années avec Natacha. Pendant longtemps, il fut heureux d'avoir rencontré une femme aussi dynamique, capable de prendre autant d'initiatives pour sortir du train-train quotidien. C'est aussi une femme particulièrement à l'aise en société. Elle invite très souvent des amis à dîner le week-end dans leur maison de campagne. Lorsqu'ils sont à Paris, elle l'emmène au théâtre ou à l'opéra. Mais aujourd'hui, Paul commence à en avoir assez. « C'est trop ! » dit-il, car il se sent envahi par la bande des amis, et se sent obligé de sortir même quand il n'en a pas envie. Il aime beaucoup voir Natacha briller en société, mais il souffre parce qu'il a l'impression qu'elle le néglige et fuit l'intimité du couple. Cette situation le rend triste et pourtant, il ne dit rien car il a peur que ses remarques ne fassent souffrir Natacha. Il pense que lui en parler ne servira à rien sauf à la peiner, et que leurs relations se dégraderaient davantage.*

Les partenaires de la relation ne parlent pas suffisamment de leurs petits différends ou de leurs désaccords, par crainte d'engendrer un conflit ou par souci d'éviter de se retrouver coupables d'une faute. On s'abstient de faire une remarque pour ne pas être blâmé soi-même. Ou bien encore il arrive que l'on ne sache pas comment s'exprimer sans blesser l'autre. C'est pourtant possible !

Jacques Salomé a expliqué combien, dans une relation, il est capital de parler de soi, de ce que l'on ressent, sans incriminer l'autre, sans le tenir pour responsable de ses malaises...

Petites phrases à jeter aux oubliettes

– Tu ne me comprends jamais.
– Tout est de ta faute.
– C'est toujours toi qui...

D'où vient le malaise ?

Nous voudrions avoir trouvé la perle rare qui vient combler toutes nos attentes. Mais serons-nous suffisamment conscients pour reconnaître que, par nos attentes irréalistes, nous adhérons seulement à l'un des produits de notre culture? Peut-être sommes-nous toujours insatisfaits parce que, dans nos programmes inconscients, nous rêvons de stars. Les modèles culturels ont imprégné notre plus tendre enfance : dans un monde décrit comme foncièrement hostile, le salut viendrait de la rencontre d'un être providentiel. Comment, alors, n'être pas déçu de ne se retrouver qu'avec quelqu'un d'ordinaire, éloigné de nos fantasmes? Comment soulager nos sentiments d'inconfort et notre frustration?

Il faut pourtant se souvenir que lorsque l'on a trop d'exigences irréalistes, soit parce qu'on attend trop, soit parce qu'on demande à quelqu'un qui ne peut pas donner plus qu'il ne le fait, on est forcément insatisfait.

Et aussi se rappeler que le mariage et le couple ne sont pas le médicament miracle qui viendrait guérir toutes les blessures affectives du passé. Mon partenaire n'est pas là pour m'assurer du bonheur. Il n'est pas là pour subir tout le poids de mes critiques lorsque je me rends compte qu'il n'est pas le Superman ou la Superwoman que je cherchais, celui ou celle dont le comportement me séduit ou me ravit à tout moment. Et je n'ai pas à considérer que l'autre est là pour me donner à tout moment toute l'attention dont j'ai besoin de manière exclusive.

Ce n'est pas à mon partenaire de venir combler,

par ses attentions incessantes, une trop mauvaise estime de moi ou un trop grand sentiment d'échec.

La recherche d'un partenaire idéal peut cacher le désir infantile de trouver l'équivalent d'un parent parfait qui serait porteur d'un amour inconditionnel. Dans la mesure où l'on aura manqué dans l'enfance d'une relation affective suffisamment nourrissante, on souffre d'une attente excessive d'amour et on en fait porter tout le poids à son compagnon !

■ *« Si je voulais être aimée passionnément, se souvient Sophie, c'est parce que j'avais encore besoin de guérir la petite fille que j'avais été. »*

Aussi est-il important de se dire :

– N'y a-t-il pas une quantité limitée d'attention et de temps que mon partenaire peut me donner ?

– Et si mon besoin d'être écouté et reconnu ne peut être comblé à l'intérieur de mon couple, ne puis-je pas trouver ailleurs, dans l'amitié par exemple, ce dont j'ai besoin ?

Lorsque l'on ne se sent pas suffisamment reconnu dans son couple, on peut être tenté de faire pression d'une manière ou d'une autre sur son partenaire pour obtenir ce surcroît d'attention dont on a besoin. Les deux méthodes principalement utilisées sont alors les critiques agressives ou les plaintes sempiternelles : les jérémiades de la victime.

■ *« Nous nous querellions sans cesse, se souvient Brigitte, et il me critiquait toujours. Par ses remarques, il lui arrivait très souvent de me ridiculiser devant les autres, en sachant bien que je ne pouvais pas me défendre. Et moi j'allais me plaindre auprès de ma meilleure amie. »*

Lorsque, hélas, on est tombé dans le piège de se donner de l'importance par son statut de victime, le partenaire mord à l'hameçon et l'on entre dans un scénario névrotique répétitif. Le problème du couple devient une lutte pour le pouvoir. Ce scénario de guéguerre permanente se joue toujours à deux. Les femmes choisiront souvent le rôle de l'accusateur et les hommes fuiront la communication en se tenant distants.

Rompre, partir, ou rester ?

Le sociologue Serge Chaumier[7] a remarqué que le critère de la durée imprègne encore profondément la conception de l'amour dans notre culture. Ce critère, sous l'influence du modèle chrétien du mariage, nous entraîne à dévaloriser des relations

7. *La Déliaison amoureuse.*

de courte durée, qualifiées péjorativement d'aventures, et à nous culpabiliser fortement pour toute rupture : elle est alors vécue comme un échec dont nous serions coupables, plutôt que comme une étape nécessaire dans un chemin de vie. Et pourtant, comme le rappelle Serge Chaumier, on trouve parfois plus de tendresse dans une relation brève qu'au sein d'une relation très longue : « La quantité de temps ne saurait être une mesure d'un rapport qui a fondamentalement à voir avec la qualité relationnelle. Demeurer ensemble ne suffit pas à prouver l'intensité de son amour. »

La séparation

Dans les années cinquante, on enregistrait un divorce pour dix mariages; aujourd'hui, globalement, un pour trois! Le taux des divorces a presque quadruplé ces dernières années. L'éclatement du couple, qu'il s'agisse de personnes mariées ou non, est devenu une histoire banale. Il est souvent inéluctable dans la mesure où un grand nombre d'hommes et de femmes refusent de poursuivre une vie de couple lorsque celle-ci leur semble trop lourde à porter.

Jadis, on se mariait pour le meilleur et pour le pire. On restait ensemble même lorsque la vie à deux se résumait à une coexistence froide et sans intimité, après que les fils de l'histoire d'amour se fussent effilochés. De nos jours, la rupture est acceptée socialement. Il n'y a plus de honte à se séparer, et même les personnes âgées peuvent décider de divorcer au soir d'une longue vie commune : avec l'allongement de la durée de vie, on veut se donner une nouvelle chance.

On se sépare dès que rien ne va plus – parfois même, bien avant...

■ *Martine a décidé de quitter son ami. Elle a vécu cette rupture, pourtant douloureuse, comme une prise de conscience salutaire. « J'avais de la peine au cœur mais je ne le savais pas. J'étais tout le temps fatiguée, je me croyais atteinte d'un cancer, et je ne comprenais pas pourquoi tous les examens se révélaient négatifs. Finalement, une amie m'a suggéré en me regardant droit dans les yeux que je n'étais peut-être pas très heureuse avec mon compagnon. J'ai fondu en larmes, mais après je l'ai remerciée. Je croyais être malade alors que tout simplement je me sentais mal parce que je gâchais mon existence avec cet homme. Tout avait bien commencé, nous avions été très amoureux. Mais depuis plusieurs mois déjà, les bisous et caresses étaient bien loin. Ce n'était plus qu'un souvenir. »*

■ *« Je n'ai jamais vraiment senti que Claire et moi nous étions engagés, raconte Jean-Pierre. Cela faisait des années que nous vivions l'un à côté de l'autre mais pas vraiment ensemble ! La vie était triste. Notre mariage durait depuis dix ans. Pourquoi m'a-t-il fallu si longtemps pour partir ? Peut-être parce que, depuis longtemps, je me voyais la corde au cou. Mais surtout je crois bien que c'est la séparation et la solitude qui me faisaient peur. Un jour, j'ai quand même fini par me dire qu'après tant d'années à se sentir étrangers l'un à l'autre, il fallait en finir. »*

■ *Culpabilisée vis-à-vis de sa fille, Brigitte, elle, a mis longtemps à prendre conscience de son envie de divorcer. « Il était difficile de m'avouer que cet amour auquel j'avais cru si fort n'était qu'un leurre. Je ne voulais pas savoir. Et je me sentais coupable vis-à-vis de ma fille de rompre la cellule familiale. Il a fallu que la souffrance devienne intolérable pour que je commence à envisager une séparation. Pendant longtemps, je n'étais pas arrivée à quitter mon mari, à cause de mon sentiment d'échec et parce que j'avais peur que la même chose recommence avec un autre. » Il lui a d'ailleurs fallu une aide extérieure pour l'aider à y voir clair. « Nous vivions dans une tension permanente. Nous étions prisonniers d'une mini guerre non déclarée. Nous avions pris l'habitude de nous faire de petits commentaires venimeux sur un ton tout à fait civilisé. Nous étions coincés là-dedans. Il n'y avait plus entre nous aucune chaleur, aucune affection et nos relations sexuelles s'étaient raréfiées. J'ai entrepris une thérapie. J'ai commencé à comprendre pourquoi je m'étais mise dans cette situation, dans une histoire qui était bien plus fondée sur la dépendance que sur l'amour. J'ai aussi commencé à m'intéresser à d'autres hommes et j'ai compris que la vie pouvait me donner une autre chance. »*

Rompre ou ne pas rompre ?

Quand la relation est trop usée, trop meurtrie ou trop blessée, il ne reste parfois plus qu'à accepter d'y renoncer. Souvent, on s'acharne à maintenir son couple au nom de l'intérêt des enfants. Mais en maintenant une situation gravement pénible à vivre, on oblige ses enfants à soutenir affectivement leurs parents, voire à les protéger ! C'est aux parents d'avoir suffisamment de maturité pour apporter cette protection à leurs enfants. Quand les rôles sont inversés, cela se fait au détriment des enfants. Un tel comportement engendre chez eux angoisse et inquiétude.

■ *Jean-Paul se plaignait d'une relation insuffisamment proche avec sa compagne, d'une relation qui manquait d'intimité affective. Mais grâce à une analyse, il s'est rendu compte qu'il n'avait pas réussi à se détacher suffisamment de sa mère. Ce n'était donc pas par hasard qu'il s'était mis en couple avec Claire, qui avait aussi besoin de ne pas trop s'engager et de garder beaucoup de distance. « Je trouvais mon père tellement incapable, s'est-il souvenu, tellement minable, et ma mère tellement désemparée que j'ai pris la place qui était vacante et je suis devenu le petit homme de ma mère. Mais devenu adulte, je ne pouvais plus la quitter pour "faire ma vie" comme elle disait. Inconsciemment, je sentais bien que sans moi elle s'écroulerait ; et c'est ce qui me faisait rester auprès d'elle. Maintenant j'ai compris que, sans jamais se l'avouer, et depuis qu'elle était mariée, ma mère souffrait d'une dépression chronique. »*

Autrefois, l'institution du mariage et la présence des enfants suffisaient à garantir la stabilité du couple. De nos jours, on s'accorde de plus en plus le droit de rompre pour cesser d'endurer une situation qui n'est plus supportable. Généralement, on ne se contentera plus de n'être en couple que pour tromper l'ennui et fuir la solitude... On a désormais le choix et l'on devient un peu plus maître de sa destinée. Chaque itinéraire de vie peut être tissé de multiples rencontres et séparations.

Mais la rupture demande des forces, et il faut une bonne dose de confiance en soi et en l'avenir pour l'assumer ! Il faut aussi pouvoir composer avec une souffrance qui peut être très intense après des années de vie commune : la rupture peut être douloureuse même lorsqu'on en prend l'initiative !

Partir est un cap difficile à franchir, il faut souvent surmonter sa culpabilité ou la peur de perdre sécurité et confort, la peur de l'avenir, la peur du vide et, éventuellement, celle de ne pas rencontrer quelqu'un d'autre... Et, comme le disait déjà La Rochefoucauld : « On a bien de la peine à rompre quand on ne s'aime plus. » C'est pourquoi, certaines personnes préfèrent demeurer dans une relation qui les maintient dans un malaise quotidien et familier, mais leur assure une certaine sécurité.

Cependant, lorsqu'on se trouve engagé dans une histoire trop compliquée, trop douloureuse et trop vide de sens, la rupture devrait pouvoir s'imposer, comme un changement de cap, la fin d'un cycle et le début d'une renaissance.

Rompre peut aussi être une question de respect de soi.

■ *Anne-Lise ne s'était jamais fixée affectivement. Pendant de nombreuses années, elle était restée célibataire. Elle avait bien fait quelques rencontres, mais cela ne durait jamais plus de quelques mois. Lorsqu'elle est tombée amoureuse de François, cette fois, elle a eu le sentiment « d'avoir trouvé le bon ». Ils se sont mariés et ont eu deux enfants. Pendant cinq ans, tout s'est bien passé. Mais elle vient d'apprendre que, depuis deux ans, il a une liaison régulière avec une autre femme. Et depuis peu, il ne se cache plus en prétextant, comme il en avait l'habitude, des réunions de travail. Il lui arrive de passer des week-ends entiers avec sa maîtresse. Anne-Lise est complètement désemparée et a l'impression « que le monde s'écroule ». Son mari lui fait des reproches incessants, comme : « Tu m'ennuies avec tes problèmes ! » Il peut aussi être extrêmement grossier : « Tu es devenue moche depuis tes grossesses. » Anne-Lise a cependant longtemps supporté l'humiliation car : « Avec deux enfants, le choix était difficile ».*

Elle s'est confiée à de nombreuses amies qui lui ont toutes donné des conseils très différents : certaines lui ont dit de rester mais de prendre un amant, d'autres de mettre son mari à la porte, puisqu'elle ne supportait plus la situation et qu'il se comportait comme un goujat. D'autres encore lui ont conseillé d'être patiente, et d'attendre que son mari revienne à de meilleurs sentiments. En fait, toutes les solutions lui faisaient terriblement peur et Anne-Lise avait surtout besoin de surmonter un énorme sentiment d'insécurité qu'elle traînait depuis sa plus tendre enfance. Il lui a fallu l'aide d'un professionnel assez neutre pour ne pas tenter de l'embarquer dans une direction ou dans l'autre.

Quand l'échéance d'une séparation est devenue inéluctable, la question est de savoir si nous allons la gérer ou la subir... Par ailleurs, faire sainement le deuil d'une relation suppose d'avoir le courage d'en faire le bilan, de reconnaître en quoi cette relation a pu être porteuse de sens, à une certaine époque de notre vie, et comment elle a même pu être source d'évolution et de maturation.

Mais on peut aussi décider de rester ensemble et

de poursuivre la route commune! Cela peut aussi être un choix. Et sans doute n'y a-t-il pas de danger à rester si la relation est suffisamment vivante et porteuse du respect de chacun.

Aujourd'hui, on a appris à ne plus juger, et à ne pas jeter l'opprobre sur les couples séparés. Pour beaucoup, grâce à l'allongement généralisé de la durée de vie, les trajectoires de vies comprennent souvent de multiples séquences sentimentales. Il n'est plus honteux d'avoir vécu plusieurs relations de couple au cours d'une existence!

Quoi qu'il en soit, n'écoutez pas ceux qui tenteront de vous persuader qu'il faut rompre : en général, même avec les meilleures intentions du monde, ils ne font que vous dire ce qu'ils feraient *eux*, à votre place. Mais justement, ils ne sont pas à votre place! N'écoutez pas non plus ceux qui voudront vous persuader qu'il faut maintenir coûte que coûte votre couple : eux aussi ne font que vous dire de faire ce qu'ils feraient à votre place... Dans bon nombre de situations extrêmes, les choix sont difficiles, l'important est d'acquérir, lorsqu'elle fait défaut, la force nécessaire pour en assumer les conséquences.

Quelle direction prendre? Rompre ou ne pas rompre? Pour y réfléchir, posez-vous quelques-unes des questions-bilan de Mira Kirshenbaum [8] :

8. *Trop bien pour partir...*

– Pensez à l'époque où vous avez vécu les meilleurs moments, vous et votre partenaire. Avec le recul, diriez-vous aujourd'hui que c'étaient vraiment de bons moments ?

– Avez-vous vécu des moments de violence physique ? Si vous répondez oui, votre couple est en danger.

– Vous êtes-vous engagé dans la poursuite d'une ligne de conduite ou d'un mode de vie qui exclut totalement votre partenaire ?

– Si Dieu ou tout autre être omniscient vous disait de partir, vous sentiriez-vous extrêmement soulagé, et vous décideriez-vous à mettre fin à votre couple ?

– Malgré les problèmes que vous connaissez, reste-t-il (à l'exception des enfants) un centre d'intérêt commun, une occupation commune que vous avez plaisir à partager et qui vous donne, à tous les deux, pendant un moment, le sentiment d'êtres proches l'un de l'autre ?

– Avez-vous le sentiment que, dans l'ensemble et la plupart du temps, votre partenaire vous soutient et s'intéresse réellement aux choses que vous essayez d'entreprendre et qui vous tiennent à cœur ?

– Perdriez-vous quelque chose d'important dans votre vie si votre partenaire n'était plus votre partenaire ? Et est-ce que ce quelque chose est vraiment essentiel au point que vous appréciez votre partenaire parce qu'il est capable de vous offrir cette chose ?

Quelle orientation donner à son choix ? Quelle direction prendre ? Pour garder le bon cap, peut-être est-il utile, aussi, de se rappeler les mots de Martin Gray : « Quand on oublie que la vie est un acte d'amour, un jour vient où l'on découvre que l'on a perdu... » Et aussi ceux d'Anaïs Nin : « Le seul antidote contre la mort, l'âge, la vie ordinaire, c'est l'amour. »

Les couples qui durent

Si vous voulez préserver votre couple, soyez vigilant. En effet, vous mettez certainement votre couple en danger si :

– Vous faites passer vos loisirs ou votre travail avant tout (heures supplémentaires au détriment de votre foyer).

– Vous mettez vos amis ou vos parents en avant, au lieu de privilégier l'intimité de votre relation de couple.

– Vous vous consacrez trop à vos enfants en négligeant les besoins affectifs et sexuels de votre partenaire.

– Vous donnez trop d'importance aux petits problèmes quotidiens au lieu de vous réjouir d'être toujours ensemble.

Et si vous voulez préserver la bonne santé de votre couple, n'oubliez pas, par exemple :

– De ne pas laisser la routine vous installer dans des relations stéréotypées. (Rompez avec l'habitude, faites quelque chose de différent ensemble !)

– De ne pas laisser le stress, la fatigue, le travail ou les enfants vous faire oublier d'entretenir votre relation.

– De célébrer régulièrement l'anniversaire de votre rencontre, de votre mariage ou de la Saint-Valentin. (Et ce jour-là, vous pouvez prendre un crayon et du papier, et avec votre plus belle écriture, dresser la liste des qualités et talents que vous appréciez le plus chez votre partenaire, pour lui en faire cadeau.)

– De partir ensemble quelque temps sans les enfants, que ce soit pour faire une croisière sur un paquebot de luxe ou tout simplement une petite randonnée à vélo. Donnez-vous de nouveaux petits rendez-vous d'amoureux !

Pour préserver son couple, il faut être lucide et conscient des enjeux que l'on met en place en établissant l'alliance qu'il constitue. Il existe toutes sortes de modèles de couple ! On n'est pas obligé de reproduire le modèle le plus courant, le plus en vogue. Mais pour que cela fonctionne, il faudra que le contrat conjugal soit le plus clair possible, le plus explicite...

Apprenez, par conséquent, à mieux connaître

votre partenaire en communiquant le mieux possible avant qu'il ne soit trop tard, avant de vous sentir lésé ou trahi.

Mais s'il est trop tard, et si la rupture de votre vie de couple est devenue inéluctable, alors pourquoi rompre voudrait-il forcément dire tout briser et rejeter dans la sphère de l'oubli ou de l'indifférence la personne que l'on a aimée ? Pourquoi serait-elle toujours vouée à disparaître de notre vie ? Pourquoi se désintéresser d'un homme ou d'une femme avec qui on a beaucoup partagé ?

■ *Claire a vécu plusieurs histoires d'amour, mais a toujours tout fait pour transformer ses histoires d'amour en amitiés. « Je n'aime pas rompre totalement. Je garde dans mon cœur tous les hommes qui ont compté pour moi, que j'ai aimés. Et chaque fois qu'il est possible de continuer à les voir, j'apprécie leur compagnie, leur amitié. Même si la relation a changé, c'est important pour moi de continuer quelque chose de vivant. »*

Le poète André Breton ne disait-il pas : « Ce que j'ai aimé, je l'aimerai toujours » ?

L'expérience prouve que certaines relations amoureuses se transforment en amitié. Mais c'est parfois impossible tant que subsistent un désir de possession, de la rancœur ou de la souffrance.

Communiquer

Les principaux obstacles

Pendant des siècles, l'emprise du social et des institutions fut telle que le mariage garantissait une certaine stabilité. Mais aujourd'hui, le couple est régulièrement en danger de rupture. Pour le préserver, il faut se souvenir qu'aucune relation n'est jamais à l'abri du changement. Aucune n'est statique, chacune est vivante, évolue... Faisons donc en sorte que ce soit toujours en mieux ! Car à laisser faire les choses, à manquer de vigilance, on s'installe dans une routine qui génère l'ennui. On sombre dans la déprime ou on va voir ailleurs.

Votre partenaire a besoin d'étonnement, de surprise, de renouveau. Faites donc des projets ensemble, et pour cela, communiquez !

Par ailleurs, quelles que soient votre bonne volonté et l'intensité des sentiments qui vous animent, vous êtes deux êtres différents : vous ne manquerez pas, un jour ou l'autre, de vous opposer dans un conflit. Encore une fois, il faudra communiquer pour résoudre le problème !

De nos jours, si l'on en croit Willy Pasini, la première cause des divorces est le manque de communication dans le couple. On ne s'entend plus et l'on n'a plus grand-chose à se dire. Le couple échange des paroles de plus en plus rares et la relation s'étiole. Ce sont les femmes qui en souffrent le plus et ce sont elles, le plus souvent, qui prennent l'initiative de la rupture.

On s'aimait, et faute de communication, on se quitte et c'est à n'y rien comprendre.

Beaucoup ont attendu trop longtemps pour s'apercevoir que leur mariage s'effondrait. Et quand ils se sont penchés sur le problème, il ne leur restait plus qu'à faire l'autopsie de leur couple. Tant d'hommes se sont préoccupés de leur carrière professionnelle au point de négliger leur femme ! Tant de femmes se sont tellement consacrées à leur enfant qu'elles ont oublié d'être une amante ! Trop souvent, la femme qui ne trouve pas son compte dans le couple s'investit excessivement en tant que mère et renonce à communiquer avec son compagnon, alors que cela permettrait de réparer les dysfonctionnements du couple. N'attendez donc pas que s'accumulent les rancœurs pour commencer à communiquer...

Quand on est tombé amoureux de quelqu'un d'autre qui, lui, nous donne toute l'attention que notre cœur en souffrance espère, il est peut-être déjà trop tard.

■ *« Il n'y avait plus beaucoup de dialogue entre mon mari et moi, raconte Brigitte. Mais j'avais un ami, un collègue de travail, c'était mon confident. Tous les midi, on allait déjeuner ensemble à la cafétéria. D'abord on était simplement amis, puis on a découvert qu'on s'aimait et on est devenus amants.* »

Votre conjoint ne lit pas forcément dans vos pensées ! Il faut lui parler, lui dire ce que vous ressentez, lui confier vos aspirations, vos désirs. En vous abstenant de le charger de griefs et de reproches.

Lors d'un conflit, porter des jugements, des blâmes et des condamnations est une habitude tellement enracinée dans notre culture, qu'il faut avoir acquis une grande maîtrise de soi pour exercer l'art de parler de soi sans prendre le rôle d'un procureur ou d'une victime.

Les expressions à proscrire

– Je crois que tu as des problèmes, tu devrais aller voir un psy...
– Le mari de ma copine est plus chaleureux que toi.
– Tu ne sais pas donner de l'affection.
– Tu ne m'aimes pas.
– Tu es obsédé par le sexe.

Selon John Gottman[9], il faut distinguer entre exprimer une insatisfaction et massacrer son conjoint à coups de critiques et de mépris. Il

9. *Why Mariages Success or Fail.*

appelle les quatre cavaliers de l'Apocalypse les quatre éléments les plus destructeurs dans une relation de couple : la critique, le mépris, le repli sur soi et le fait de se mettre sur la défensive.

Quant à moi, je compte cinq principaux obstacles à la communication efficace :

1. Menacer et mettre en garde
2. Culpabiliser
3. Blâmer et critiquer
4. Ridiculiser
5. Interpréter

La communication efficace

Communiquer, c'est chercher un terrain d'entente plutôt que de chercher à avoir raison. (Éviter de donner à son partenaire l'impression qu'on cherche à lui donner une quelconque leçon.)

Communiquer, c'est mettre en commun.

C'est parler de soi, et de son vécu dans la relation, tout simplement. Pour un couple, apprendre à communiquer commencera donc par apprendre à s'écouter vraiment l'un et l'autre ; prendre le temps d'inviter l'autre à s'exprimer pour vérifier ce qu'on imagine et pense à son propos.

Écouter l'autre, c'est :

– Ne pas anticiper mentalement ce qu'il va dire.

– Être attentif à ses mots, qui n'ont pas toujours le même sens qu'ils peuvent avoir pour moi.

– Être attentif à la manière dont ses mots sont dits.

Il est également indispensable de respecter ces quelques règles :

– Ne pas interrompre son partenaire.

– Reformuler ce qu'il a dit et vérifier que l'on a bien compris. (Sinon, on prend le risque de n'être pas véritablement en contact avec lui mais seulement avec l'image qu'on a de lui.)

– Prendre le temps d'inviter l'autre à s'exprimer pour vérifier ce que j'imagine et pense à son propos.

– Parler un peu plus de soi-même et de ses attentes.

– S'exposer, se montrer, car le partenaire ne pourra pas toujours deviner qui l'on est !

– Faire des demandes (sans que cela prenne la forme d'exigences comminatoires... Demander ne veut pas dire exiger. Je peux tout demander si je n'exige rien.)

– Renoncer à rendre l'autre responsable de son malaise. Renoncer à toutes menaces, chantages ou pressions quelconques.

– Arrêter de s'opposer comme si les hommes et les femmes venaient de deux planètes différentes.

Une communication réussie est celle qui permet de résoudre un conflit sans qu'il n'y ait ni perdant ni gagnant.

Enfin, en cas de conflit, souvenez-vous que ce n'est pas dans les moments trop chargés émotionnellement qu'il faut communiquer. Il faut déposer les armes pour se parler. Dans ses études sur les relations amoureuses, John Gottman a montré que, lorsque deux personnes vivent un trop-plein d'émotions, leurs discussions ne peuvent avoir qu'une issue destructrice.

Et dans tous les cas, surtout, n'oubliez pas que les temps de communication utiles sont les moments où vous êtes ensemble seuls et tranquilles sans être dérangés par personne.

Proscrivez tout recours à votre entourage comme arbitre de vos débats !

Au lieu de critiquer votre partenaire, commencez par le valoriser. Faites-lui des compliments sincères.

Enfin, renoncez à changer l'autre. Dans un couple, il faut savoir apprécier chez son partenaire ce que l'on a en commun et tolérer les différences.

Aussi peut-on s'inspirer de la charte de la communication efficace telle que la présente Thomas Gordon[10] : accepter les valeurs et les besoins de l'autre, communiquer ouvertement et franchement pour les connaître ; l'écouter quand il a des problèmes pour l'aider à trouver ses propres solutions ; respecter ses croyances ; quand son comportement empêche de satisfaire ses propres besoins, le lui dire clairement pour qu'il change d'attitude,

10. *Relations efficaces.*

et vice-versa ; tenter de résoudre les conflits sans chercher à gagner aux dépens de l'autre ; respecter les besoins de l'autre en trouvant les compromis acceptables pour tous les deux. « Ainsi, nous aurons une relation où chacun de nous pourra devenir ce qu'il est capable d'être. Et nous pourrons poursuivre notre relation dans le respect mutuel, l'amour et la paix. » (Thomas Gordon).

Également, pour qu'un couple fonctionne, il faut en tout premier lieu renoncer à faire supporter à son partenaire la charge d'avoir à combler toutes ses attentes.

Jacques Salomé, dans un de ses livres[11], qualifie de « terroristes relationnels » les personnes qui entendent recevoir de leur partenaire plus qu'il ne peut ou veut leur donner. Elles attendent de leurs proches l'amour, les soins et l'attention qu'elles ne parviennent pas à se donner à elles-mêmes. Si leurs désirs ne sont pas comblés, elles exercent sur eux une violence à la mesure des désirs et angoisses projetés. Cette violence s'exprime sous forme de culpabilisation ou de séduction : « Ainsi la dynamique terroriste survient-elle lorsque, dans une trop grande mesure, je fais dépendre mes besoins des autres, lorsqu'il m'est insupportable que ceux qui me sont chers ne correspondent pas à mes espoirs, lorsque je ne tolère pas qu'ils diffèrent de l'image

11. *Si je m'écoutais, je m'entendrais.*

que j'ai d'eux. Le terrorisme est basé sur l'ensemble des intentions, désirs et peurs exprimés, projetés sur l'autre, accrochés à l'autre sous prétexte d'amour. »

Selon Robin Norwood[12], le besoin de réussir à changer l'autre est un des éléments les plus destructeur de la relation. Mais, comme le dit la Bible, on ne peut pas demander des pommes à un figuier ! Et si nous renoncions à vouloir changer l'autre ? Et si nous renoncions aussi à exiger qu'il satisfasse pleinement tous nos besoins affectifs ? L'amitié et la camaraderie ne peuvent-elles pas apporter aussi leur contribution à nos attentes ? Ne demandons pas à notre partenaire plus qu'il ne peut apporter ! En appliquant cette règle, vous éviterez de lui faire reproches sur reproches, voire même de véritables scènes de ménage pour qu'il modifie son comportement – cela ne changera rien, bien au contraire.

Lorsque cela va mal dans le couple, le réflexe est de dire : c'est de *sa* faute. Sortons de l'idée que notre malheur intime est causé par ses insuffisances ou ses déficiences !

Abandonnons les manipulations culpabilisantes, comme : « C'est à cause de toi que je ne suis pas heureux. »

Si vous vous surprenez à penser : je serai heureux lorsque mon conjoint se décidera à changer,

12. *Ces femmes qui aiment trop.*

c'est mauvais signe. Mais peut-être est-il alors encore temps de mettre cartes sur table et de redéfinir ensemble la relation. Car le plus souvent, c'est de relation qu'il faut changer, pas de conjoint.

L'amour est bien vivant lorsque l'on s'aime sans rien exiger l'un de l'autre. Il le demeure quand on partage ce que l'on a en commun en respectant les différences de chacun.

Un bilan de couple, pourquoi pas ?

Lorsqu'on veut préserver son couple, et surtout le rendre plus vivant, pourquoi ne pas faire aussi, régulièrement à deux, son bilan de couple ? On pourrait dire, en plaisantant, qu'un couple est comme une voiture : les pièces s'usent, aussi faut-il régulièrement passer un contrôle technique.

Et pourquoi ne pas se poser la question : On arrête ou on continue ? Pourquoi pas ? Un philosophe et son épouse avaient paraît-il pris l'habitude de se retrouver régulièrement ensemble face à un bon dîner en tête à tête pour faire leur bilan. Et leur couple a duré plus de soixante ans.

Couples immatures et couples sains

On se marie, ou l'on se met en couple et le cœur est en fête. On invite les amis à venir célébrer cette réussite. Mais le mariage n'est pas une destination qui garantit le succès du couple, c'est plutôt le début du voyage. Et si les choses tournent mal, il faut renoncer à croire que l'on a simplement été abusé par son partenaire et à devenir procureur qui charge de reproches un partenaire devenu l'accusé.

On peut s'être marié avec un fantôme et vivre avec quelqu'un d'autre. Le plus souvent, s'il y a des difficultés à se comprendre dans le couple, peut-être est-ce parce que nous ne sommes pas en contact avec l'autre, mais seulement avec l'image que nous avons de lui, et que cette image fait écran.

Les couples immatures

Ce qui frappe au premier abord, c'est qu'ils paraissent bien plus soucieux de maintenir la relation, et surtout l'image qu'elle peut présenter socialement, que de travailler à améliorer sa qualité.

Dans un couple immature, on s'accroche à une image idéale et stéréotypée du couple. On reproche continuellement à l'autre de n'être pas conforme à l'idéal qu'il se fait du couple. On vit dans la crainte excessive de perdre l'autre. On essaie de le « bouffer » et d'en tirer le maximum.

Les enfants servent de prétexte pour mettre une distance entre les deux. L'autre est là surtout pour combler un manque et pour masquer une grande crainte de la solitude.

Les couples sains

Dans un couple sain, il est possible d'arriver à surmonter les blessures, les malentendus et les déceptions sans perdre la volonté de continuer ensemble.

On ne tient pas la relation pour acquise et l'on s'efforce de la rendre toujours vivante.

Comme le dit Scott Peck[13], la vie est difficile. Mais chacun des membres d'un couple sain est soucieux de soulager le fardeau de l'autre et d'accroître ses joies.

On peut dire qu'il y a couple lorsque le bien de l'autre m'importe autant que le mien. Dans un tel couple, je demande beaucoup à mon partenaire mais je n'exige rien. Je lui donne beaucoup sans considérer que cela me met en droit de recevoir. Nous faisons des projets ensemble. Nous savons aussi vivre des moments plus ou moins longs l'un sans l'autre.

La charte d'un couple réussi

(Propositions pour aller mieux dans son couple)

Pour ne pas faire dépendre votre bonheur uniquement de votre couple, mais pour bien vivre ensemble et rendre votre relation aussi satisfaisante que possible, vous pouvez vous engager à :

1. Vous déclarer personnellement responsable de votre bonheur et agir en conséquence.
2. Mieux profiter de la vie.
3. Utiliser au mieux votre temps, en tenant

13. *Le Chemin le moins fréquenté.*

compte de vos priorités, c'est-à-dire en faisant plus souvent ce que vous aimez et en ne gaspillant pas vos journées dans des activités superflues ou stériles.

4. Passer plus de temps avec les personnes que vous aimez réellement.

5. Agir en sorte que votre relation soit basée sur le souci de l'autre afin d'être épanouissante pour chacun d'entre vous. (Prendre soin l'un de l'autre le plus souvent possible.)

6. Chercher de nombreuses occasions de vous faire plaisir l'un à l'autre. (Par exemple s'offrir des présents inattendus.)

7. Faire en sorte de ne jamais tomber dans la routine et l'ennui. (Avec la routine, le couple se met en danger d'asphyxie.)

8. Ne jamais cesser d'avoir des projets communs.

9. Donner la première place à la tendresse.

Le second carré magique

Pour remplir votre vie, vous avez besoin d'amour, mais aussi de vous réaliser à travers vos activités, vos relations et vos loisirs. Même si votre amour est profond, vous ne serez pas satisfait si votre relation amoureuse met en danger vos besoins de réalisation personnelle. Plus vos sources de satisfaction seront nombreuses, et plus le poids que vous ferez porter à votre partenaire sera léger :

il n'est pas le seul à pouvoir satisfaire votre besoin de vous sentir pleinement vivant. Par ailleurs, votre identité ne peut se réduire à votre « moi conjugal ». À certains moments, vous êtes ensemble, à d'autres vous êtes seul ou avec d'autres personnes et, dès lors, il vous faut bien jouer une autre partition dans l'accomplissement de vous-même. Selon Willy Pasini, cette multiplicité des formes que peut prendre le moi selon les moments et les espaces qu'il fréquente engendre une sorte de « va-et-vient identitaire ». Dans ce va-et-vient, vous pouvez explorer les quatre coins du « second carré magique », c'est-à-dire les quatre lieux où porter votre attention pour y vivre et vous y trouver à l'aise : votre espace personnel, celui de votre partenaire, celui du couple qui vous est commun, et celui du vaste monde !

Espace personnel — Espace de mon partenaire

Espace du couple — Espace du vaste monde

Cultivons notre jardin! Mais dans le jardin du couple, il y a un espace commun et un espace privé.

Pour que le couple s'épanouisse, l'homme et la femme ont besoin de sentir que leur foyer, même s'il leur apporte une sécurité de base, garde suffisamment de fenêtres ouvertes pour respirer et s'ouvrir sur le vaste monde. Si votre couple est le centre du monde, vous êtes encore dans l'illusion narcissique. Car l'amour profond et véritable est généreux et ne se referme pas sur une seule personne. Un couple qui ne ferait pas la place aux autres, aux amis et à l'amitié, risquerait de vivre dans une atmosphère confinée et de s'asphyxier. Il est important de ne pas se refermer dans un narcissisme à deux. Pour cela, il faut s'ouvrir suffisamment sur l'extérieur; selon la belle expression de Willy Pasini : « Cette zone en bordure du terrain conjugal oxygène le couple en même temps qu'elle l'oblige à regarder l'autre d'un œil nouveau. »

Enfin, terminons sur une citation de Laurence de Bourbon-Busset : « La meilleure preuve qu'on aime quelqu'un, c'est qu'on voudrait que tout le monde à partir de cet instant soit vraiment heureux. »

(C'est là ce qu'on appelle en amour la dimension d'Agapè dont nous avons parlé.)

Quelques questions utiles

– Comment préservez-vous votre espace personnel et qu'y faites-vous ?

– Comment respectez-vous l'espace de votre partenaire ?

– Comment communiquez-vous à partir de ces deux espaces ?

– Comment protégez-vous et aménagez-vous l'espace qui vous est commun ? (Quels projets faites-vous ensemble ?)

– Accordez-vous autant d'importance à vos besoins qu'à ceux de votre partenaire ? quelle importance accorde-t-il aux vôtres ?

– Comment vous ouvrez-vous sur le monde ?

La complicité

En dehors de l'attirance physique, si puissante soit-elle, une relation de couple ne perdure que parce qu'il s'est établi un rapport de confiance et de complicité, dans un processus vivant et évolutif, où chacun des deux partenaires se sent fondamentalement respecté, accepté et aimé par l'autre. Une telle attitude vient alimenter la profondeur des sentiments qui lient l'un et l'autre... Dans un couple, il y a deux personnes différentes, qui serons toujours distinctes l'une de l'autre. Mais l'amour peut être durable s'il est soutenu par des projets communs, par une communication de cœur à cœur suffisamment riche, et avec la volonté de faire du chemin ensemble, malgré les coups durs et les soucis qui sont le lot à tous.

Lorsque vous partagerez le sentiment d'avoir vraiment quelqu'un à vos côtés, quelqu'un qui a le souci de vos intérêts autant que des siens, vous pourrez faire vôtres les paroles d'Édith Piaf :

La vie est peinte en bleu,
À grands coups de soleil.
Puisque je t'aime
Et que tu m'aimes,
C'est merveilleux.

Et :

Quand il me prend dans ses bras
Qu'il me parle tout bas
Je vois la vie en rose

Ou bien votre cœur chantera avec Charles Trenet : « Boum ! Quand notre cœur fait boum ! »

Un couple dure quand s'est instauré un profond sentiment de compagnonnage, c'est-à-dire tout simplement le sentiment de pouvoir compter l'un sur l'autre. Une mutuelle confiance est sans doute l'un des meilleurs ciments du couple.

Chez les couples les plus heureux, le partenaire est un confident. Avec lui, on échange facilement sur les événements de la vie quotidienne : on lui livre aussi ce qu'on a de plus secret. Comme le dit Thomas Gordon[14] : « Le dialogue est à l'amour ce que le sang est au corps. » Au-delà des tumultes de la passion, la relation amoureuse se nourrit de douceur et de connivence. La complicité amicale est sans doute la meilleure alliée du couple.

Les deux partenaires, lorsqu'ils sont vraiment amoureux, ne sont pas en lutte pour essayer chacun d'obtenir le maximum de l'autre, par la violence ou la séduction ; chacun est autant soucieux de ses intérêts que de ceux de l'autre. Dès lors, ils ne vivent plus dans la peur de perdre leur amour, d'être trompés ou abandonnés, mais plutôt dans une sereine confiance. Avec la confiance, on laisse l'autre exister par lui-même. On ne tente pas de le mettre en cage.

L'un des principaux pièges dans la relation de couple, c'est de croire que l'autre vous doit le bonheur. Un autre piège, c'est de vouloir, sans en être vraiment conscient, prendre bien plus que l'on ne donne. Faire attention à l'autre permet de rétablir l'équilibre. Une grand-mère, interrogée sur les raisons de la longévité de son couple, disait : « *Gaston et moi, il n'y a pas de jours où nous ayons arrêté de faire attention soigneusement à l'autre.* »

C'est Philémon et Baucis !

14. *Relations...*

Il s'agit d'un couple légendaire dans la mythologie antique. Le poète Ovide raconte dans *L'Art d'aimer* que Philémon et Baucis avaient reçu généreusement dans leur demeure Hermès (le messager des dieux) et Zeus, alors que ces derniers avaient en vain demandé ailleurs l'hospitalité. Les dieux, reconnaissants, leur épargnèrent le Déluge. L'humble chaumière de Philémon et Baucis devint un temple. Bien des années plus tard, après être parvenus à un âge avancé, ils furent métamorphosés en deux arbres proches l'un de l'autre, un chêne et un tilleul. Leur nom est devenu le symbole de l'amour conjugal.

ÉPILOGUE

Si vous cherchez une âme sœur ou si vous souhaitez améliorer votre relation actuelle, souvenez-vous de ne pas commettre l'erreur de confondre amour et dépendance. La dépendance est une situation d'asservissement émotionnel ! La personne dépendante souffre de ne pas vivre avec une personne capable de satisfaire tous ses besoins affectifs. Et pourtant, elle maintient souvent une relation, non pour combler ses désirs et ses aspirations profondes, mais pour son besoin de reconnaissance. On fait l'erreur alors de dire que la personne dépendante aime « trop ». Mais on n'aime jamais « trop » lorsqu'il s'agit d'un amour sain et véritable !

N'est-ce pas l'amour qui nous rend plus humains ? Rappelons-nous la fameuse épître de Paul aux Corinthiens : « Quand bien même je parlerais les langues des hommes et des anges, si je n'ai pas l'amour, je ne suis que bronze qui sonne ou cymbale qui retentit. Quand bien même j'aurais le don de prophétie et que je connaîtrais tous les mystères et toute la science, quand bien même j'aurais toute la foi jusqu'à déplacer des montagnes, si je n'ai pas l'amour je ne suis rien. »

Mais lorsqu'on parle d'amour, de quoi parle-t-on ?

Comme nous l'avons dit, dans la Grèce antique, on comptait trois étages dans la maison de l'Amour : Éros, Philia et Agapè. Éros, ou le désir, trop souvent confondu avec l'amour. Philia, ou l'amitié, qui commence avec la tolérance et le respect. Agapè, ou l'amour universel.

Pourquoi réduire l'amour à Éros, cette flambée hormonale qui attise le désir et déclenche les comportements de recherche du partenaire de sexe opposé ? Cet amour-désir est marqué par le trouble et l'émotion. S'il n'est pas bridé et maîtrisé par les rênes de la volonté et de la culture, il mène à la passion, à l'empire des sens. C'est l'amour fou, un amour cannibale dont l'animal symbole est le crocodile. Or, le crocodile, d'un point de vue psychanalytique[1], est celui qui cherche inlassablement à détruire : ce sont nos énergies intérieures les plus négatives, les pulsions les plus mauvaises. Si, par malheur, vous rencontrez quelqu'un d'uniquement animé par ce genre de pulsions et qu'il vous dise : je t'aime, détalez à toutes jambes ! Vous êtes en danger : votre amant se comportera comme une

1. *Encyclopédie des symboles.*

sangsue insatiable... Dès que l'amour se réduit aux seuls appétits d'Éros, il n'y a en effet pas d'autre alternative que manger ou être mangé.

Ou encore, faut-il réduire l'amour à une romance sentimentale ? N'est-il alors pas trop souvent synonyme de peine et de souffrance ? Son animal symbole est la biche[2], certes beaucoup plus gracieuse et moins dangereuse que le crocodile ! Mais cet autre amour souffre trop facilement de carence en mots doux, de carence en tendresse.

Mais finalement, l'amour ne pourrait-il être tout simplement un amour vraiment humain c'est-à-dire conscient ? Un amour lucide qui s'appuierait sur les élans du cœur et du corps afin de les conduire vers le partage et la communication, dans une relation de cœur à cœur.

Cet amour est-il rationnel, est-il raisonnable ? Certes, la raison ne suffit pas et l'intellect seul est comme une prison. Répétons-le, l'amour humain a besoin d'être soutenu par les élans du cœur et du corps. Des élans guidés par la raison : « La raison, régnant seule, restreint tout élan ; et la passion

2. L'*Encyclopédie des symboles* nous apprend que, dans de nombreux contes européens anciens, des jeunes filles et des jeunes femmes sont transformées en biches. Cette métamorphose semble liée à un imaginaire fort ancien, dans lequel la femme était la biche, ou la biche représentait la femme dans son aspect supérieur.

abandonnée à elle-même est une flamme qui brûle jusqu'à sa propre destruction[3]. »

Encore aujourd'hui, la réussite de l'amour et du couple reste une sorte de défi. Et déjà dans ses *Lettres à un jeune poète*, Rainer Maria Rilke écrivait : « L'amour d'un être humain pour un autre, c'est peut-être l'épreuve la plus difficile pour chacun d'entre nous. »

L'amour, nourri de la tendresse et de l'attirance physique, est certes le meilleur ciment du couple, mais pourquoi s'avère-t-il trop souvent fragile ? Peut-être parce qu'il manque sans doute la sagesse de savoir comment accueillir l'autre dans sa vie, comment lui donner une place privilégiée.

Réussir en amour, c'est emprunter le chemin le moins fréquenté, le plus difficile, car il nécessite autant d'amour que de raison et de lucidité. Amour et conscience ne s'excluent pas. L'un ne va pas sans l'autre.

Ainsi, lorsque l'on fait une rencontre amoureuse, l'élément déclencheur le plus important est souvent le désir de l'autre sexe, mais la complicité charnelle et l'entente érotique ne suffisent pas à créer un couple. Le désir de combler un manque n'est pas la volonté de créer une relation. Pour créer une relation épanouissante, encore faudra-

3. Khalil Gibran.

t-il éviter l'erreur de tomber dans les jeux de pouvoir et de séduction.

On fait parfois l'erreur de trop faire reposer l'estime que l'on a de soi-même sur la réussite de la relation amoureuse. Et pourtant, dans cette histoire, nous sommes deux et tout ne dépend pas de nous. Aussi souvenez-vous : plus vous faites dépendre votre propre estime d'une personne en particulier, et plus vous prenez le risque d'une dépression sévère !

Lorsque vous vous acceptez vraiment vous-même avec vos particularités, vos qualités et vos défauts, lorsque vous êtes fier de vos réussites et suffisamment tolérant pour vos échecs, vous êtes fort du sentiment de votre valeur ; c'est alors que vous attirez l'amour des autres.

Dans la vie amoureuse, vous ne pourrez pas récolter les fruits de vos désirs aussi longtemps qu'inconsciemment vous ne vous estimerez pas digne d'amour. Il ne s'agit pas, bien entendu, de tomber dans la vanité et le narcissisme. L'ego hypertrophié du paranoïaque n'est pas un modèle d'équilibre mental. On sait depuis deux mille ans que l'amour de soi a besoin d'être contrebalancé par l'amour des autres ! Cependant, s'occuper mieux de son propre bien-être n'est pas de l'égoïsme : c'est se mettre dans les meilleures conditions pour s'occuper des autres. Car si l'humeur morose est contagieuse, la joie et le bonheur aussi ! Choisissez donc d'être heureux ; Voltaire ne disait-il pas : « J'ai choisi d'être heureux, c'est bon pour la santé. »

Réussir un amour, n'est-ce pas se promener avec le soleil dans le cœur et dans la tête ? N'est-ce pas réaliser quelque chose de beau, comme une œuvre d'art ? Le poète Jacques Prévert disait : « Il n'y a pas cinq ou six merveilles dans le monde, mais une seule l'amour. »

La difficulté survient quand il s'agit de coopérer, car cette œuvre se réalise à deux. En effet, tomber amoureux est une affaire personnelle qui apporte l'excitation dans l'euphorie, mais l'expérience peut s'avérer éphémère si elle n'est pas suivie d'une communication efficace dans l'intelligence amoureuse. Avec la passion pour seul objectif, une saison au paradis peut être suivie d'une saison en enfer...

Souvenez-vous aussi que les vieilles blessures affectives du passé sont parfois un fardeau lourd à porter, dont il faut se débarrasser le plus possible. Les expériences de vie pénibles et douloureuses, associées à des problèmes non résolus, empêchent de réagir de manière juste et rationnelle pour vivre correctement dans une relation sentimentale harmonieuse et réussir l'œuvre commune.

Le chemin de l'amour est celui de la pleine conscience. Pour rencontrer pleinement l'autre dans la communication et l'échange, il faut d'abord se rencontrer soi-même, entrer en amitié avec soi-même. Avec un travail de développement personnel, d'analyse ou de thérapie selon les cas, il devient possible de s'affranchir des séquelles invalidantes du passé. On peut aussi avoir besoin d'un professionnel pour clarifier ses besoins et se faire soutenir dans la poursuite de ses objectifs. Avec la volonté de se comprendre et de défricher ses zones d'ombre, on peut, au fur et à mesure des entretiens, gagner plus de confiance en soi, et évoluer vers un mieux-être. En atteignant une plus grande maturité affective, on en vient à accepter le fait que, quand bien même deux personnes sont liées par l'amour, chacune d'entre elles est responsable de son bonheur.

À l'issue d'une thérapie, on est moins affecté par le jugement des autres. Mais il ne s'agit pas de se retirer dans une tour d'ivoire comme si l'on n'avait besoin de personne. Il n'est pas question non plus de devenir plus habile à se nourrir de l'énergie de son partenaire, mais plutôt de s'ouvrir à la différence de l'autre pour s'enrichir réciproquement. C'est par l'intérêt que l'on porte aux autres, intérêt qui se transforme en amitié et en amour, qu'élargissant les limites de sa petite personne, on se réalise pleinement.

Les êtres humains éprouvent souvent deux désirs contradictoires : celui d'être quelqu'un d'autonome qui se réalise pleinement lui-même en toute indépendance ; celui de vivre en harmonie avec une personne privilégiée. L'intimité affective est une bonne chose qui nous rend heureux, mais l'autonomie aussi. Pour vivre une relation vraiment épanouissante, sans doute avons-nous besoin de l'une et de l'autre à parts égales.

Mais qui suis-je ? Et qui es-tu, mon ami, mon amie, mon amoureux, mon amoureuse ? Peut-être que, pour répondre à cette question, on peut avoir recours à cette allégorie : représentons-nous comme une de ces anciennes diligences qui faisaient la route dans le Far West : les chevaux qui la tirent seraient la puissance des émotions, des affects et des pulsions. Prenons garde qu'ils ne s'emballent ! Le cocher symbolise le mental et l'ego ; il est là pour les contrôler, les maîtriser ou bien au contraire les fouetter pour les inciter à aller plus vite.

Ainsi l'amour a-t-il besoin d'être animé par la force des émotions et des sentiments, mais aussi d'être guidé par la raison. Hélas, parfois, il arrive que le cocher, ivre, perde la raison : il oublie alors de servir les intérêts du voyageur de la diligence, de ce passager qui est son maître et qui se nomme l'Amour.

C'est à l'Amour de montrer le chemin...

Selon Spinoza, l'Amour, c'est ce qui nous donne la joie. Et en aucun cas, la souffrance ! Soyez heureux d'aimer...

Pour en savoir plus :
Association Mieux vivre, ressources et évolution
Tél. : 01 42 59 19 53

RÉFÉRENCES BIBLIOGRAPHIQUES

F. Alberoni, *Le Choc amoureux*, Ramsay, 1981

E. Arkady, *Oser être soi*, Éditions Jouvence, 1997

J. Bardwick, *The Psychology of women*, Harper & Row, 1971

S. de Beauvoir, *La Force de l'âge*, Gallimard, 1960

D. Carnegie, *Comment se faire des amis*, Hachette, 1974

S. Chaumier, *La Déliaison amoureuse*, Armand Colin, 1999

C. Collange, *Dessine-moi une famille*, Fayard, 1992

B. Cyrulnik, *Sous le signe du lien*, Hachette, Coll. Pluriel, 1992

C. Dowling, *Le Complexe de Cendrillon*, Grasset, 1982

Encyclopédie des symboles, édition française établie sous la direction de Michel Cazenave, Le Livre de Poche, 1996

D. Feldman & J.-P. Pes, *L'Écoute (les bonnes stratégies pour mieux écouter et se faire écouter)*, Éditions Jouvence, 2003

F. Fordham, *Introduction à la psychologie de Jung*, Imago, 1985

J. C. Friel & L. D. Friel, *Les Sept Comportements gagnants des couples heureux*, Trécarré, Québec, 2002

E. Fromm, *L'Art d'aimer*, L'Épi, 1968

K. Gibran, *Le Prophète*, Casterman, 1956

D. Goleman, *L'Intelligence émotionnelle*, Robert Laffont, 1997

T. Gordon, *Relations efficaces (Comment construire et maintenir de bonnes relations)*, Le Jour éditeur, 2002

J. M. Gottman, *Why Marriages Success or Fail*, New York, Simon and Schuster, 1994

M. Gray, *Le Livre de la vie*, Robert Laffont, 1973

M. Haddou, *Avoir confiance en soi*, Flammarion, 2000

M.-F. Hirigoyen, *Le Harcèlement moral*, Syros, 1998

C. G. Jung, *L'Homme et ses symboles*, Robert Laffont, 1964

C. G. Jung, *Les Racines de la conscience*, Buchet Chastel, 1971

M. Kirshenbaum, *Trop bien pour partir, pas assez pour rester*, Marabout, 2000

J. Kristeva, *Histoires d'amour*, Folio Essais, Gallimard, 1985

R. de Lassus, *L'Analyse transactionnelle*, Marabout 1991

J.-G. Lemaire, *Le Couple, sa vie, sa mort*, Payot, 1979

H. Lindsey & L. Cohn, *L'Estime de soi, un bien précieux*, Le Souffle d'Or, 1994

J. Liss, *Débloquez vos émotions*, Tchou, 1978

D. Martucelli, « Subjectivité et expérience amoureuse » in *Penser le sujet* (Colloque de Cerisy), Fayard, 1995

E. Morin, *Paroles d'amour*, Syros Alternatives, 1991

R. Norwood, *Ces femmes qui aiment trop*, J'ai Lu, 1993

W. Pasini, *Le Temps d'aimer*, Odile Jacob, 1997

S. Peck, *Le Chemin le moins fréquenté*, Robert Laffont, 1987

F. Perls, *Gestalt Therapy verbatim*, Real People Press, 1969

Platon, *Le Banquet*, Flammarion, 1964

C. Rialland, *Cette famille qui vit en nous*, Robert Laffont, 1994

R. M. Rilke, *Lettres à un jeune poète*, Grasset, 1937

RÉFÉRENCES BIBLIOGRAPHIQUES

J. Salomé & S. Galland, *Si je m'écoutais, je m'entendrais*, Éditions de l'Homme, Montréal, 1990

J. Salomé, *Jamais seuls ensemble : comment vivre à deux en restant différents*, Éditions de l'Homme, Montréal, 1990

F. de Singly, *Le Soi, le couple et la famille*, Nathan, 2000

F. de Singly, *Libres ensemble, l'individualisme dans la vie commune*, Nathan, 2000

D. Tanner, *Décidément tu ne me comprends pas : surmonter les malentendus entre hommes et femmes*, J'ai Lu, 1994

Impression réalisée sur CAMERON par

BUSSIÈRE CAMEDAN IMPRIMERIES

GROUPE CPI

à Saint-Amand-Montrond (Cher)
pour le compte des éditions Flammarion
en septembre 2003

Photocomposition CMB Graphic
44800 Saint-Herblain

N° d'édition : FT093801. — N° d'impression : 033437/1.
Dépôt légal : octobre 2003.

Imprimé en France